AF525661

Fritz Fenzl

Magische Kraftorte in Niederbayern

FRITZ FENZL

Magische Kraftorte in NIEDERBAYERN

SüdOst Verlag

Bibliografische Information der Deutschen Nationalbibliothek

Die Deutsche Nationalbibliothek verzeichnet diese Publikation in der Deutschen Nationalbibliografie; detaillierte bibliografische Daten sind im Internet über http://dnb.dnb.de abrufbar.
ISBN 978-3-95587-704-0

Titel:
Blätterranke: freepik.com

1. Auflage 2018
ISBN 978-3-95587-704-0
Alle Rechte vorbehalten!
© 2018 SüdOst Verlag in der
Battenberg Gietl Verlag GmbH, Regenstauf
www.gietl-verlag.de

Wir können nicht wissen
wo wir hinkommen wollen
wenn wir nicht wissen
wo *wir stehen*

INHALTSVERZEICHNIS

VORWORT

Erdanbindung

Schon das Wort „Niederbayern“ lässt Erdanbindung ahnen.
„Tritt nicht heran! Ziehe die Schuhe von den Füßen, denn die Stätte, darauf du stehst, ist heiliges Land.“ (2. Buch Mose 3,5)
Nun, ob Gottvater mit dem erhabenen Boden Niederbayern gemeint hat? Wer sich dort umschaut, – der könnte es fast glauben. Denn:

„Nieder-„ hat gar nichts zu tun mit „niedrig“, sondern es erinnert an starke Erd-Gebundenheit. Damit Anbindung an die Schöpfung!

Mutter Erde hat hier tatsächlich mehr das Sagen denn anderswo. Nicht umsonst ist das Wort „Erde“ weiblich: Die Erde, Terra. Leben lassen – und Leben geben.

Erde:

Wer Niederbayern liebt, durch Fluren zieht und schollenschwere Äcker bewundert; wer den Erdzeit-alten Granit des „Waldes“ erfühlt: Alles hat hier mehr „Masse“, ist schwerer. Und damit realer, wahrer. Das beeinflusst auch die Weltsicht. Beide Beine auf dem Boden!

Humus und Humor hängen nicht nur klanglich zusammen, Humor als heilend, helfend, tröstend zu verstehen. Nicht umsonst spricht man ja auch von Mutter Erde.

Auf der bayerischen Landkarte hat Niederbayern nur im Osten feste natürliche Grenzen. Unten der Inn, oben auf der Karte, also nordöstlich verlaufend, der Hauptkamm des Bayerischen Waldes.

Nordwestlich wandert der Finger von Simbach/Braunau über Landshut bis Kelheim, Riedenburg, dann zur Altmühl … Und dazwischen wahre Kraftort-Perlen: Straubing, Bogen. Landau. Vilshofen. Passau. Regen. Landshut. Und – das herrliche Rottal.

Vor allem stille, „geheime" Plätze.

„Was ist das denn, ein magischer Ort …?", so lautet die erste Frage bei Führungen.

„Ein bestimmter Ort, an dem etwas mit Ihnen passiert … zumeist Heilung, prophetische Gabe, auch im weitesten Sinne: Glück!"

Warum und wie wirken Magische Kraftorte?

Eine wichtige Rolle für die WIRKUNG des Kraftortes spielt die Rotation der Erdkugel mit allen ihren Folgen: So muss dem Kraftortgänger stets bewusst sein, dass die Erde eine schräg stehende Achse besitzt mit den beiden Erd-Polen Nordpol und Südpol. – „Polen" im doppelten Sinne. Die Erde ist zweipolig, so wie alles auf der Erde dual, dialektisch, gegensätzlich daherkommt, Anziehung und Abstoßung.

(Um es mit Humor auf die Spitze zu treiben: Man könnte von einem dialektischen Gegensatzpaar Oberbayern – Niederbayern sprechen …)

Die Erde hat zwei Pole. Es entsteht eine „Spannung", die dann an den besonderen (magischen) Orten besonders wirkt. Auch das Magnetfeld der Erde ist polar: Zwei Gegensatzkräfte prallen aufeinander, wie wohl alles in diesem Kosmos … und damit auch im Gehirn.

Jeder Kraftort, auch in Niederbayern, hängt mit dem Einfluss von *Wasser* zusammen!

Wasser (H_20) ist bipolar angelegt, mit je einem Wasserstoffmolekül und zwei Sauerstoffmolekülen. Wasser ist damit ein *Informationsträger* erster Güte. Wasser ist Leben, Leben stammt aus dem Wasser.

Der Einfluss der Gestirne. Das Thema würde nicht nur ein eigenes Buch füllen, sondern mehrere. Denken Sie allein an den Mond und dessen unglaubliche Magie und Kraft! Der Mond bedingt die Gezeiten, hebt die Weltmeere und lässt sie wieder fallen. Der Mond regiert die Nacht, die Geburt und den Tod.

Magische Orte sind Lebensorte, sie liegen auf kerzengeraden Linien, diese Linien verlaufen parallel und die Parallelen schneiden sich. Es entsteht das Rautenmuster, ein durchaus attraktives, aber stets aus der Vermählung zweier Dreiecke bestehendes Kraftort-Logo für Eingeweihte!

Was Bayern betrifft, gilt die Raute als Kraftort-Zeichen: Da die magischen Orte exakt auf Geraden liegen, die sich schneiden, findet man auf der Karte die Kraftort-Raute in den Ortsnamen wieder: *Wildbad Kreuth, Bayreuth, Rott, Rottenbuch, Schneizlreith, Niederbayern: Etwa Rottalmünster …*

Und nicht vergessen: Man muss *hingehen.*
Da sein. Der Ort nimmt einen mit.

Magische Denkspiele mit Kraftorten in Niederbayern

Wenn Sie eine Niederbayern-Karte betrachten: In etwa die Form eines Gehirns. Zufall? Gibt es nicht. Nun überlegen Sie, von welchem Standpunkt aus Sie am liebsten und am häufigsten wohin fahren, um „ihren" Ort zu genießen?

Es genügt die Vorstellung (Imagination, Visualisierung) im Geist. Noch besser, Sie zeichnen's auf einer Karte ein.

Was finden Sie vor?
Ein *Denk-Muster*.

Sie können dasselbe machen, indem Sie Laufwege von Fußballern oder Basketball-Spielern aufzeichnen. Oder die (gedachten) Gehwege ab einer beliebigen Bushaltestelle, diese seltsamen, Lebenszeit-vernichtenden Hetz- und Bummelstrecken der Menschen nach Irgendwo, und zumeist auch wieder zurück. Heraus kommt immer ein ungefähres verwobenes Liniensystem, das grundsätzlich der Struktur von Bäumen oder Sträuchern mit einem Stamm und vielfältigen Verästelungen ähnelt.

Aha, das ist doch …? Der … LEBENSBAUM …!

An was werden Sie, als Kraftort-Kenner und „Einweihungs-Experte“, dabei erinnert?

Jüdische Mystik, magisches Urwissen der Kabbala, legendärer *Baum (!) der Erkenntnis*. Auch Gehirnströme, Ideen und plötzliche Gedanken – könnte man sie darstellen – ergäben dieses herrliche Urmuster der Schöpfung. Immer wieder ein Stamm und dessen Verästelungen.

Folgen Sie den im Buch genannten Wegen. Körperlich (gehen Sie hin) und im Denken. Sie kommen dann dem Himmel näher.

PASSAU

„Dreiflüsse"-spitz – und der Wander-Heilige Jakobus im Dom

Zwischen den großen Strömen Donau und Inn führt die Landspitze, so wie ein Schiffsbug, nach vorne, gen Osten hin. Sie spüren diese gewaltige Flusskraft, werden mitgeschwemmt; nicht nur durch die Energie des wirklichen Wassers, sondern, umso mehr, von fließender Energie der Schöpfungs-Gewalt.

Gewalt!

„Die Sätze, die in Passau gegenwärtig immer wieder zu hören sind: „Wir haben die Gewalt des Wassers unterschätzt" – (…) Die Lage an den drei Flüssen ist in der zweitausendjährigen Siedlungsgeschichte stets Segen und Fluch zugleich gewesen …"

http://www.faz.net/aktuell/gesellschaft/ungluecke/hochwasser/hochwasser-in-passau-schroeckliche-wasserguess-12207403.html

Segen deshalb, weil solche Wasserstraßen Infrastruktur fördern. Breite Flüsse, gar der Donaustrom, bedeuten Zu- und Abwege; flüssige Zubringer anstelle von Eisenbahnschienen. Dann fließt nicht nur das Wasser, sondern eben auch der Handel.

Weißes Gold, also Salz, dazu Güter aller Art, später kommt dazu der Tourismus: Kurios, nach dem weißen Gold und dem Betongold bringt der Zeitgeist das Gold der Massen-Ablenkung und der Flucht vom Daheim. Lebende Menschen werden ver(luxus)schifft, und das recht Gewinn bringend.

Von Norden her kommt die Ilz, die Donau von Westen, der Inn aus dem Süden. Gemeinsam vereint, geht's dann gen Osten … Nicht zu vergessen das Farbenspiel: schwarz, blau und grün.

Sie fühlen:

Das Vereinigende. Ihre Gehirnhälften reagieren auf den Reiz (es ist tatsächlich eine Reizung!) des Ortes. Niederbayern und Passau. Der südöstliche Höhepunkt einer Magische-Kraftorte-Niederbayern-Tour Passau" und Umgebung, das ist natürlich ein Muss. Da ich Passau als Beschreiber zu Magischen Orten und Führer von interessierten Gruppen vor allem in „Der Bayerische Jakobsweg" bereits eingehend beschrieben habe, will ich mich nicht wiederholen.

Aber eben dieses Spitzen-Erlebnis müssen Sie sich gönnen. Und der Jakobus in einer linken Seitennische des gewaltigen Domes. Diese Figur des Wander-Heiligen bedeutet zugleich den Beginn des „Bayerischen Jakobsweges".

KELLBERG

Drei Heil bringende Beten und eine Heilquelle für die Augen. Neues „Sehen“ – neue Gedanken!

Passau hat uns „aufgeladen“. Sie verlassen diese Stadt immer anders, als Sie angekommen sind.

Probieren Sie es aus.

Die mentale Einstellung eines Menschen, *seine Art zu denken* und dem Leben zu begegnen, – bestimmt das Schicksal. Auch das so genannte *Glück*. Passau war die ideale Startrampe für unseren Heil bringenden Gedankenflug.

Ab Passau-Nord geht's über die Donaubrücke. Dort, auf dem anderen Ufer, also der Donauseite mit weitaus ruhigerer Erdenergie, immer Richtung Hauzenberg fahren. Bald ist Kellberg gut ausgeschildert.

Pfarrkirche St. Blasius in Kellberg

Wer Kraftorte aufsucht, der stolpert immer wieder über die Drei Bethen. In Kellberg haben diese Drei Heiligen Jungfrauen gar ein ergreifendes Abbild an einem nur ihnen bestimmten Altar gefunden. Der ist an der linken Seite der Kirche, der Nordseite. Also ein *„Drei-Mäderl-Altar“*, wenn man das vorchristliche Phänomen des Kultes ums *Dreifach Weibliche* der bayerischen Mentalität sprachlich einverleibt. Die Nordseite in Kirchen ist immer links. Früher saßen die Frauen beim Kirchgang immer links, denn dies ist die „weibliche“, die abladende Seite.

Die Pfarrkirche von Kellberg kann bestimmt nicht übersehen werden, auf keltischem Krafthügel thront sie OBEN.

Was übrigens so ziemlich jede Kraftortkirche auszeichnet. Sie spüren es deutlich: Auf dem Weg nach oben nimmt die Energie beständig zu. Denn in unmittelbarer Nähe vom Kellberg befindet sich der Arzberg (Erzberg), dessen so spürbare magnetisierend abstrahlende und Induktionsschleifen aufbauende Eisenadern den Ankommenden gefangen nehmen.

Mehr noch: Die dort sprudelnden, eisenhaltigen *Ottilien-Quellen* mit der rotbräunlichen Färbung des Erzes dominiert das gesamte Areal.

Heilung, Ausgleich, Ganzheit und wie bei jeder Quelle ein *Öffnen der Augen*. Also eine andere Sichtweise! Dazu aber auch Macht: eben ein klassischer Wunderort, ein magisches Areal der Heilung.

Sie haben die Kirche betreten und die drei Jungfrauen ziehen Sie in den Bann. Schwarz. Weiß. Rot. Urfarben der Erde und der Kraft.

Ottilia ersetzt hier Margarethe, die mit dem Drachen-Wurm. Selbst die Wiki-Seite weist auf solche Besonderheit hin:

„... Ungewöhnlich ist der linke Seitenaltar, der sogenannte Drei-Frauen-Altar mit drei gotischen Figuren (um 1480), der hl. Ottilia in der Mitte, links davon die hl. Katharina, rechts die hl. Barbara ...“

https://de.wikipedia.org/wiki/Kellberg_(Thyrnau)

Im Kreise der „vierzehn Nothelfer“ bedeuten die drei Heiligen Damen – aufgemerkt – die einzigen Frauen:

In der Mitte, Margarethe ersetzend, Ottilia, auf ihrer Bibel liegt ein Augenpaar, sie beobachtet den Beobachter. Und rechts Barbara, die Helferin der Tunnelbauer und der Schwangeren.

Ottilia ist, so wie die anderen Bethen auch, heidnischen Ursprungs, ihre Heimat: Der Odilienberg auf den Vogesen.

***Attribute**: als Augustinernonne, zwei Augen in Händen, mit einem Kelch, Hahn, Krebsschere*

***Patronin** des Elsass, von Arlesheim in der Schweiz und St. Ottilien bei Landsberg am Lech; der Blinden; der Winzer; gegen Augen-, Ohren- und Kopfleiden*

https://www.heiligenlexikon.de/BiographienO/Odilia_Ottilie.htm

Das Buch der Odilia ist geschlossen, so wie das hier lagernde Geheimwissen, der vergrabene „Schatz im Kopf“, nicht jedem zugänglich ist.

Augen öffnen! Wo, wenn nicht hier?

Die Bethen begegnen nochmals, nämlich in der Leonhardi-Kapelle, in Augenhöhe stehen sie auf dem Apsis-Rundgang. Diesmal aber nicht zusammen, sondern getrennt.

Nun aber sollten Sie unbedingt den ungefähr einen Kilometer langen Drachenpfad zur nahen Kurklinik beschreiten. Sie kommen – wohl durch morphogenetische Felder – dem Schicksal um die Heilkraft von Ottilie näher. Denn diese war von Geburt an blind: Der Vater wollte sie töten lassen, die Mutter aber konnte die charismatische junge Frau retten und in ein Kloster verbringen. Sie wurde (wir ahnen es irgendwie) sehend und gründete bald zwei Frauenklöster. Heute liegt sie auf dem Odilienberg südlich von Straßburg bestattet.

Das Heilwasser von Kellberg *klingt* sogar nach Heilung! Hören sie dem Quell zu. Und diese eisenhaltige Flüssigkeit aus Mutter Erde hat tatsächlich schon viele wahre Wunder bewirkt. Der magische Gartenbereich der Kurklinik ist ein Muss: Hier finden Sie die Quelle, die Sie dann ein Leben lang nicht vergessen werden.

Denn das aufgeladene Wasser heilt nicht nur den Körper, sondern auch ihre eingefahrenen Gedanken. Als ob es mit einem reinigenden Magneten das ungute Denken an sich ziehen und wegspülen würde.

Wir sind, was wir denken.

Also *nachdenken*: Die Drei Bethen bleiben immer durch ihre ikonografischen Beigaben identifizierbar. Rad, Turm, Kelch, Drache, Pfeil, Palmzweig, in Kellberg wegen der stellvertretenden Ottilie gar ein sehendes Augenpaar. Dann die Farben der Erde Schwarz-Weiß-Rot.

Welche Gedanken kommen mir, wenn ich obige Begriffe imaginiere?

In Kellberg fliegen die richtigen (!) Gedanken mir zu; allein dies ist Teil der Heilung. Schon der Gedanke, dass Gedanken nicht immer von innen kommen, sondern von außen … gäbe es sonst eine alles beherrschende Meinungsindustrie!

Eisen, Erz und damit einhergehend Magnetismus. Die richtigen Gottgefälligen, die der Schöpfung dienenden Gedanken werden hier am magischen Ort magnetisch angezogen.

GOTTSDORF, SÜDLICHER BAYERISCHER WALD

Überleben – „wenn es kommt" und Schutzenergie vom und im legendären Saurüssel.

Passau, Untergriesbach, Neustift im Mühlkreis, Wegscheid, Thyrnau, Hausenberg … dann nach Norden, Richtung „der Wald" …

Wer gerne „in der Gegend" herumfährt, wer sich von besonderen Orten *wie magisch* anziehen lässt, dem wird bald klar, dass Ortsnamen selten ohne Grund so klingen, wie es halt vordergründig so scheint. Alles hat seinen Grund.

Und wenn sich dann ein Dorf *„Gottsdorf"* nennt, dann muss es etwas zu tun haben mit?

Mit dem Ewigen.

Gott ist so herrlich zeitlos. Die „Gott-ist-tot"-Ideologie eines Friedrich Nietzsche scheint an den archaischen magischen Kraftorten, schon gar im erdgebundenen Niederbayern, selten auf!

Zum so genannten „Saurüssel"

Das ist ein geheimes Überlebens-Areal, das mit sehr viel Phantasie der Schnauze eines Schweinderls ähneln soll. Die Angaben über eine genauere Positionierung sind recht verschieden. Eine ausgewiesene Kennerin meint, „ … dass diese Bezeichnung für das Gebiet zwischen Inn und Donau von Mühldorf bis Passau zutrifft, da diese Landschaft auf der Landkarte die Form eines ‚Saurüssels' aufweist …"

(Aus: Lenk, Maria: Spurensuche im Rottal. Pfarrkirchen 2005, S. 13)

Nun, ich würde nach meinen Erfahrungen mit Orten, die das innere Gefühl eines „Ankommens im Selbst“ und eines wohligen der Welt „Entzogen-Seins“ schenken, das gottselige Eckerl östlich von Passau dazurechnen.

„… Schon die Herkunft des Namens wirft Fragen auf. Heimatforscher Benno Hubensteiner definiert den Saurüssel im Jahrbuch „Mühlrad“ von 1957 als die „Bauerngegend um Mühldorf, Altötting und Burghausen…“

https://www.ovb-online.de/muehldorf/zwischen-mythos-wahrheit-5358705.html

Es wird oft auch von einem „Rottaler Saurüssel“ gesprochen, der vor allem vor Unwettern schützen soll. Die Regensturm-Katastrophen der Jahre 2016 und 2017 geben indes ein vollkommen anderes Zeugnis.

Gottsdorf

Die Stadt mit dem Namen des Weltenschöpfers liegt, als Station des bekannten Jakobsweges, etwas im spirituellen Schatten der weltbekannten Dreiflüsse-Stadt Passau, die den hl. Jakobus im Dom St. Stephan birgt. (Einer der rechten Seitenaltäre). Doch da geht jeder hin. Oft sind es halt die kleinen feinen Stätten, an denen „es“ wirkt!

Schnell sind wir im Ortszentrum von Gottsdorf und finden die unübersehbare gotische Kirche St. Jakobus.

Wir treten ein – und sind augenblicklich gefangen. Selten, dass ein Innenraum so schnell auf Seele und Befinden wirkt. Gefangen im Glauben – und schon stellt sich ein Gefühl von Leichtigkeit ein und von Freiheit. Glaube, verbunden mit Lebensfreude, kann so herrlich frei machen. Leider gibt es auch ganz andere Glaubensformen. Die interessieren uns aber nicht.

Blickfang:

Der Jakobus auf dem barocken Hochaltar. Er ist der Schutzpatron der Pilger und der *Umeinander-Ziehenden* und trägt die üblichen In-

signien, die ihn sofort als *Jakobus auf dem Weg* ausweisen. Hut, Umhang, Wanderstab, Flasche. Dazu ein geschlossenes (!) Buch in der Hand, das Symbol der Apostel. Geschlossen bedeutet, dass das Geheimnis nicht offen darliegt. Also suchen …

Achten Sie darauf, wie sämtliche Energien im Raum sich um diese Figur herum bündeln, so dass eine Art sichtbar-unsichtbare Strahlung entsteht.

Und die Muschel. Sie hütet „das Geheimnis", sie steht für Verbergen und Öffnen, für Glaube, Schönheit, „Tiefe" und bewahrende Weiblichkeit.

(Siehe auch in diesem Buch die Muschelkapelle von Rinchnach. „KLOSTERKIRCHE RINCHNACH. FLUSS-MUSCHEL-KAPELLE. UND EIN HAUCH DES EWIGEN.")

Beobachten, fühlen, genau hinschauen. Das Kraftzentrum steigt nach oben, über dem Jakobus herrscht die gekrönte Himmelskönigin. Nicht allein, zwei Frauen stehen ihr bei, so dass der Kenner bald die Drei Bethen, die „Drei Heiligen Madl", erkennt.

Zur Linken der Madonna die heilige Katharina, sie trägt das Schwert als Zeichen des Märthyrertodes. Das Rad, mit dem sie oft dargestellt wird, ist ein Folterrad, es soll gebrochen sein angesichts der Kraft Ihrer Heiligkeit. Margarethe hat zumeist den „Wurm", den Drachen zur Seite; und Barbara den Turm oder einen Kelch. Oder beides. Haben Sie's gewusst? Barbara ist die Schutzheilige der Tunnelbauer und auch der Gebärenden.

Sie kennen den Spruch:

Margarethe mit dem Wurm
Barbara mit dem Turm
Katharina mit dem Radl:
Des san die 3 Heiligen Madl …

Margarethe bedeutet auf Griechisch „Perle“: die Muschel – Margarethe wird hier eins mit Madonna, die ja auch auf dem „Wurm“ steht. Hinschauen!

Frauen. Sie spielen im himmlischen Reigen kraftvoller Wirk-Heiliger eine besondere Rolle. Frauen sind weit in der Mehrheit.

Die Drei Bethen werden zumeist in den „Farben der Erde: *Schwarz/Weiß/Rot* dargestellt. Weiß für Entstehen, Rot für gebärendes Sein, Schwarz für Erfüllung und vergehendes Wieder-Werden. Alter, Sterben? Nur Übergang in gehobenere Schwingungen.

Schwarz-Weiß-Rot sind die Urfarben der Erde, die Farbe der Hexen und der Drei Bethen, der „Drei Saligen“, der Urhexen unserer innersten Naturmystik. Vielleicht ist die „Weiße Frau“, wie sie zum Beispiel in der Burgruine Weißenstein bei Regen umgeht, eine von ihnen, denn auch die „Drei Bethen“ tauchen in vielen Sagen als nebelartige Wesen auf.

Jakobsweg-Gedanken

Alle Wege führen nach Rom …“, so lautet ein Sprichwort. Ebenso führt natürlich jeder Weg nach St. Jago de Compostela (= Heiliger Jakob am Sternenhaufen) am „Ende der Welt“ (finis terrae). Ende der Welt?

Und letztlich ist „das „Ende der Welt“ überall auf der Welt! Die Erd-Kugel ist schließlich rund. So finden sich Anfang und Ende eines jeden Weges – überall. Alpha und Omega, wahrscheinlich hat das Rund des Erd-Balles den Glauben an die Wiedergeburt geprägt. Eine Erkenntnis des Jakobsweges in Niederbayern?

DER WALD IST MEHR ALS DIE SUMME SEINER EINZELTEILE:

Eging am See

*„**Christkind gesucht!***
Die Stadt Deggendorf sucht ein Christkind! Frauen im Alter von 18-25 Jahren, die das Deggendorfer Christkind verkörpern möchten und aus der Stadt Deggendorf kommen, sind herzlich eingeladen, sich bis zum 22. Oktober zu bewerben …“

http://www.deggendorf.de/index.php?id=6&no_cache=1

Aber nicht nur zur Weihnachtszeit.

Wenn Sie von München her Niederbayern oder „den Wald“ ansteuern: Zumeist landen Sie in erst einmal in Deggendorf. Es sei denn, Sie wählen den beschaulicheren, aber unfallträchtigen „Drachenpfad“, die B12 über Mühldorf und das so liebenswerte Rottal.

Dann geht’s durch den langen Tunnel, und wenn Sie das Licht der ostbayerischen Welt wieder erblicken, ist auf einmal alles ganz anders.

Die Stadt liegt im flachen Donautal, indes die Vorläufer des Bayerischen Waldes sind jetzt plötzlich spürbar, der „Wald“ mit seinem unvergleichlichen lockenden Raunen. Es klingt wie ein *„Komm doch!“* und wird immer deutlicher wird vernehmbar. Ein An-Kommen, das zumeist im eigenen Herzen landet ...

Deggendorf bedeutet geradezu eine Drehscheibe für sämtliche Highlights im östlichen und nordöstlichen Niederbayern. Metten, Hengersberg, Plattling, Bogen, Regen, – um nur einige wichtige zu nennen.

Und *Eging am See.*

Der Eginger See will gefunden werden: Ist er doch über ein eigenartiges System von Abzweigungen erreichbar. Humor des Sich-Finden-Lassens.

Das Freizeitangebot im Umkreis ist schier ungeheuerlich. Gut so.

„Wo ist Niederbayern am wenigsten niederbayerisch?“, das fragt der Autor der *„Gebrauchsanweisung für Niederbayern“* Teja Fiedler (S. 145). Und gibt auch die schockierende, zudem wahre Antwort:

„In der Westernstadt Pullman City bei Eging ...“

Wir schmunzeln über die Hinweisschilder und suchen die Stille, den Magischen Kraftort, den Wald.

Also Wagen stehen lassen, am besten in der Nähe des Gasthofes Seehof.

„Der Wald ist mehr als die Summe seiner Einzelteile“, erklärt ein weises Schild. Und beim etwa vier Kilometer langen Rundgang um den erddunklen See wird uns offenbar: Die Natur ist für uns ein Geschenk der Liebe – und die Liebe zur Natur öffnet dies Geschenk.

Liebesorte sind Gute-Laune-Plätze.

Beginnen wir den Spaziergang hinab zum See, nicht ohne die zahlreichen Bänke an der Sonnenseite zu genießen. Ein Band *„Bayerns* *beliebteste Bankerl"* müsste unbedingt diese malerischen Sitzgelegenheiten erwähnen.

Hier denken Sie anders, vitaler und schöpferischer. Vielleicht ist es das vitalisierende Rauschen der nahen Wehranlage. Fließende Energie. Bewegung bedeutet immer Leben!

Wir umrunden die Westseite, dann gelangen wir in den schattigeren Teil des Ufers. Ist doch der südliche Uferbereich des Sees zugleich hoher Fichtenwald. Hier können Sie ihre Sorgen da-lassen, denn der gesamte Bereich auf der Gegenseite des Sonnenseiten-Strandbades erweist sich als außerordentlich *abladend*.

Gehen wir bis zu einer kleinen Bucht, die spürbar und am Pflanzenwuchs erkennbar, eine Störzone darstellt. Dort die Buche am Wasser mit ihren in sich selbst verwundenen Ästen, mit diesem für Störzonen typischen, verdrehten Wachstum: ein typisches Zeichen, dass ortsgebundene Erdkräfte in verschiedene Richtungen wirken und walten.

Setzen Sie sich auf die einladende Bank am stillen Wasser. Lassen Sie das energetische Gequirle auf sich wirken. Jeder reagiert anders. Wenn Sie gut drauf sind, dann werden Sie den launigen Mix von Mutter Natur genießen.

Nach solch einer im Wortsinne *turbulenten* Wirbelenergie überqueren wir eine von vielen Brücken. Eine Brücke ist immer die Verbindung von hier und da, von zwei entgegengesetzten Ufern. Eine Brücke über-brückt auch die beiden gegenpoligen Gehirnhälften des Wanderers; die männliche und die weibliche „Seite".

Männlich-weiblich? Der kleine Liebespavillon in der Nähe eines Erdkraft-betonten Kneipp-Beckens lässt träumen. Diese Wiese hier hat etwas Tragendes: Denn der Boden trägt nicht nur den, der hier steht, sondern ebenso dessen Lebenskraft, Pläne und Visionen, seine Hoffnungen.

Wie so oft, der Standpunkt entscheidet, materiell ebenso wie geistig. Mir kam der Satz in den Sinn:

WIR KÖNNEN NICHT WISSEN
WO WIR HINKOMMEN WOLLEN
WENN WIR NICHT WISSEN
WO WIR STEHEN

Oben in Nähe des Thermalbades wird Gewissheit, was längst spürbar ist. Wir wandeln hier auf heilenden Quellen. Die stets wiederkehrende Bezeichnung „Thermalweg“ hat ihre Berechtigung.

Mir kam beim Rundgang das wegweisende Wort der „Gralssuche“ in den Sinn. Was der „Gral“ denn sei, das kann ich so wenig erklären als all die Grals-Schriftsteller quer durch bewegte Jahrhunderte.

„Jede Epoche hatte ihre der jeweiligen Bewusstseinsstufe der Menschheit angepasste ‚Gralssuche'…“, stellt Mario Belli in *„Wer ist der Gral?“* fest. (S. 39). Keine bessere „Definition“ kenne ich. Wahrscheinlich ist die Suche, die Bewegung in Raum und Zeit, das Finden?

Also folgt: Suchen, Findenwollen … heißt Gehen.

Suchen und Überbrücken. Steigen Sie über die breite Brücke im Osten dieses Seeteiles und erfahren Sie die abladende Kraft des Platzes.

(…)

Vielleicht sind sie aber auch über Vilshofen (siehe da) hierher gelangt, haben dort, nahe der Einmündung der erddunklen Vils über die stählerne Bogenbrücke den Nibelungenstrom überquert, sind dann gleich nach der Brücke rechts abgebogen. Weiter Richtung Tittling bzw. Freyung Grafenau. Ganz in der Nähe von Fürstenstein steht dann „Dreiburgensee“.

VILSHOFEN

Vermählung der Wasser

Fast jede wichtige Straße durch Vilshofen leitet Sie irgendwann zur Donau, führt an der ästhetisch geschwungenen, den majestätischen Strom überspannenden Brückenkonstruktion vorbei.

Suchen Sie hier an der Donaulände „Ihre“ Stelle, es gibt einladende Bänke, die zur Sicht auf die stählerne Brücke und auf das gegenüber liegende private Flugplatzareal entlang des rechten Donauufers einladen.

„Im Westen hat die fortgeschrittenste Wissenschaft entdeckt, dass es keine vom Beobachter unabhängige Realität gibt. Der Beobachter entscheidet, wie die Wirklichkeit aussieht …“ (aus: Andreas Giger: Vom Chaos zur Ekstase, S. 71).

Gehen Sie das kurze Stück zur nahen Einmündung der Vils („*Vuis*“…“, sagen die Einheimischen): Vertiefen Sie den Lauf der positiven Gedanken, dort bei der Vermählung der Wasser.

Schon nachgedacht: Der Beobachter leistet einen Beitrag zur Wirklichkeit, indem er beobachtet. *Die Besucher der magischen Orte schaffen Wirklichkeit.*

Sie beobachten und Sie denken – genau hier am magischen Ort der unnachgiebigen Fluss-Energien – über das Beobachten nach. Gesetz der Entsprechung: Auch Ihr Denken gerät *„in Fluss"*.

Leider wird der touristisch orientierte Schiffsverkehr immer „uferloser", immer ausgedehnter. So denkt man hier über eine Verlängerung der Donaulände und damit über einen dem Idyll schadenden Ausbau der Anlegestellen nach. Stromversorgung, Touristenstrom, was noch alles wird dem Kommerz geopfert! Genießen Sie das sinnstiftende Ufer, solange Sie noch können.

Abtei Schweiklberg: Oben ist oben. Sendende Doppeltürme

Das Leben ist mehr und größer. Es gibt Wirklichkeiten, die wir nicht begreifen können, von denen wir uns aber ergreifen lassen können …"

(Abt Christian Schütz OSB in Abteikirche Schweiklberg)

Von der Donaubrücke aus geht es am linken Ufer des Stromes, das ist die Seite der einmündenden Vils, nach „oben".

Schnell stehen Sie vor der imposanten Jugendstilkulisse der Abteikirche Kloster Schweiklberg. Lassen Sie die typischen, von weit her lockenden Doppeltürme mit der typischen schlanken und mahnenden Proportionalität auf sich wirken. Der Fühlende spürt es bald:

Eine weit ins Umland reichende, beeinflussende Sendeanlage ist dies, ein Senden von Gedankenkraft und mentalen Impulsen; ein Ankommen und Weg-Streben von Ideen. Aber welchen?

Betrachten Sie das Portal. Ein Portal gibt in den meisten Fällen „mehr her" als der sakrale Innenraum, denn die Ortskraft liebt freie Natur, selten Innenräume, also das Geschlossene. Wie jede Kraft will auch die Kraft des magischen Ortes sich frei entfalten, keineswegs begrenzen. Kaum ein Kirchgänger und Gottesdienstbesucher ist sich dessen bewusst. Gottesenergie lässt sich nicht einfangen, auch wenn viele Menschen, viele Gläubige auch, dies annehmen.

Über dem runden Torbogen sehen Sie ein Christus-Dreieck mit der Spitze nach unten, das einem größeren Dreieck mit nach oben zeigender Spitze einbeschrieben ist. Verstecktes Doppeldreieck also, sechszackiger Stern in einer seltenen Variation.

Im Inneren dominieren die Rund-Elemente, das schafft eine zentrierende, bergende und sehr faszinierende Tempel-Atmosphäre.

„Ein Kirchenraum ist nicht stumm; er spricht durch seine Formen und Farben (...) Weite und Helligkeit des Raumes begrüßen und empfangen. Die großen und kleinen Halbbögen, die das Gesicht des Raumes bestimmen, verleihen dem Ganzen eine bestimmte Schwerelosigkeit ..."

(aus: Abt Christian Schütz, a.a.O. S. 4)

Das mit der Schwerelosigkeit stimmt. Damit folgt die Architektur aber auch den Gegebenheiten des Ortes: ein Himmelfahrts-Platz, es „zieht nach oben". Das Tonnengewölbe über dem Kirchenschiff tut das seine dazu, um Stimmungen und Gedankenimpulse zu heben. Auch die durchdachte Lichtführung regt zu schöpferischem Denken an, eben zu *Gedankenflügen*.

Die Kuppel über dem Altarraum zeigt vier Engel mit weiten Flügeln, in Vierecks-Formation um ein „Himmelsloch" herum angeordnet. Himmelslöcher sind geheime Plätze in Tempeln mit tellurischen Trichtern, mit hochsaugenden Himmelsleiter-Energien.

Der Klang! Die Geometrie des Raumes bedingt den heilenden Durchklang der Schöpfung. Sie „hören" hier sogar die Stille.

Nach oben ...

Die vielen Flügelträger an den Wänden. Engel, Himmelsboten, Geistvermittler. Beflügelte und beflügelnde Symbole der Leichtigkeit von Seelen, des Wegfliegen-Könnens.

Ob der im nicht allzu weiten Tettenweis geborene Jugendstil- und Symbolismus-Maler-Papst Franz von Stuck, der derzeit Höchstpreise erzielt, wohl hier gewesen ist?

Hier, in und um die Klosterkirche von Schweiklberg, bewahrheitet sich, wie so oft bei Kraftorten:

OBEN IST OBEN.

Wir sind nicht nur auf dem (Schweikl)-Berg, sondern auch mit allem, was uns besorgt und bedrückt hat, auf diesem erhabenen Kraftort bald *„über dem Berg"*.

Ein sinntragendes und geflügeltes (!) Wortspiel, das beschreibt, was hier geschieht:

Heilung.

Gottsdorf im südlichen Bayerischen Wald

Der Weltenschöpfer taucht seltener auf in der Benennung von Siedlungen und Städten. Auf nach Gottsdorf.

Der Ort im südlichen Bayerischen Wald mit diesem wohlklingenden Namen, der schon bald ein kurzes Gebet sein könnte, überrascht durch eine Aufsehen erregende Kirche, die kein suchender Pilger und Wallfahrer sich entgehen lassen sollte. Und das alles auf dem „bayerischen" Jakobsweg. Die nächste große (Jakobs-)Station in westlicher Richtung wäre die mächtige Dreiflüssestadt Passau mit dem Jakobus im hochherrlichen Dom, von da ab geht es weiter nach Fürstenzell und über das Rottal bis München, von wo aus die bekannteste deutsche Wege-Sequenz am westlichen Ammerseeufer vorbei ins Allgäu führt, um von hier aus, über Lindau und schließlich die Pyrenäen, zum weltberühmten Teil in Spanien zu geleiten. Das ersehnte Ende ist dann immer die berühmte Kathedrale im Sternenfeld.

Die schmucke Kirche St. Jakobus im Ortszentrum von Gottsdorf steht würdig und unübersehbar. Man erkennt bei dem Gotteshaus auch von außen her eine lange Tradition des Werdens. Tatsächlich wurde die Kirche bereits im Jahre 1075 zum ersten Mal urkundlich erwähnt; der Neubau im gotischen Stil stammt aus dem Jahr 1451.

Im Inneren: Der von stille durchklungene Raum hebt Seele und Gemüt. Gefangen im Glauben – und schon passiert das Paradox: Wir werden frei. Frei durch die Bindung! Die Anbindung nach Oben.

Jakobus fällt sofort auf. Er zieht die Blicke an sich, beherrscht den Hauptaltar in einer diesen wundersamen Sakralraum geistig steuernden Präsenz, die wir sonst nur von Christus oder der Gottesmutter kennen.

Hut, Umhang, Stab, Tasche, alles ist zu erkennen – und ein geschlossenes Buch in der Hand! Ein geschlossenes: also alle Merkmale und Beigaben als offenes Geheimnis, aber … das Buch, es bleibt zu. Das Geheimnis wird hier doch nicht so ohne weiteres preisgegeben! Und bei genauer Betrachtung: Dieser Jakobus, wie immer als Pilger dargestellt, er ist barfuß! Ein Weitwanderer, ohne Stiefel. Das verwundert ebenso wie die gekreuzten Schwerter auf der Hutkrempe und der Brustseite des weit geschwungenen Umhanges. Hier wartet ein Geheimnis, sich dem bereiten Besucher zu öffnen, sich aufzutun wie ein uraltes Buch.

Es ist das tiefere Geheimnis der Jakobskirche von Gottsdorf. Über der zentralen Figur des Pilgers mit dem Schlapphut und der Muschel, wartet hier ein Dreibethen-Altar.

Der Heilige zeigt sich nun nicht gleich beim ersten Hingucken, zu sehr nimmt die dominante und strenge Jakobsfigur alle Blicke gefangen.

Der Dreibethen-Altar (oder christlich: Dreimäderl-Altar mit Margarethe, Katharina und Barbara) erschließt sich dem, der genau hinschaut: Katharina zur Linken ist mit dem Schwert gezeigt, Barbara rechts hält den Kelch. Und Margarethe, die mit dem Wurm?

Vermengt sich hier mit Madonna, denn zur herrschenden Himmelskönigin gehört zumeist auch die Schlange oder der Wurm, den sie zertritt, besiegt oder eben dessen Erdkraft und weibliche Energie anzeigt. Je nach Betrachtungsweise.

Drei Bethen, drei Nornen, drei Maderl, immer die magische Dreiheit. Wer alte Traditionen erforscht und suchend-sehender Liebhaber von Kirchen und deren Ausstattung ist, der erkennt, dass der Geist und das Weibliche eins sind, dass diese beiden Geistes-Größen zumeist zusammengehören.

Jakobus weist, wieder mal, den Weg. Der weibliche Aspekt des Jakobsweges und der Schwarzen Madonnen ist für Kenner nicht allzu neu. Was Wunder, dass hier in der Jakobskirche Jakobus als Statue am rechten Seitenaltar nochmals erscheint. Diesmal mit zwei Muscheln und dem Stab.

Für Liebhaber geheimnisvoller Zeichen und Symbole: Finden Sie das Wappen an der Emporebrüstung, denn dort erscheint das Einhorn. Es steht zumeist für die verlorene Kunst naturverbundener Heilung.

Der Jakobsweg ist eine phantastische Datenautobahn des Ahnengedächtnisses. Sie denken hier am magischen Ort Denkcluster, die Ihnen sonst niemals in den Sinn kommen würden.

Loggen sich ein in ein längst verlorenes Wissen, unsichtbar, doch erfühlbar.

ERSCHEINUNGS-ORTE IM BAYERISCHEN WALD

Die schwarze Frau im Bayerischen Wald sucht weiter nach Opfern

Zwischen Freyung und Waldkirchen sollte man die Verbindungsstraße meiden, auch heute noch! Das gilt nicht weniger für die westlich verlaufende und berüchtigte „B12“!

„... **Die schwarze Frau** tauchte in den ersten Monaten des Jahres 1975 im unteren Bayerischen Wald als eine Geisterscheinung auf. Sie fuhr angeblich als Anhalterin in Autos mit und erzählte den Fahrern von einem "bluadigen Herbst" (blutigen Herbst) und löste sich dann – laut Angabe mehrerer Fahrer – in Nichts auf. Sie erschien hauptsächlich Fahranfängern. Diese Erscheinungen wurden der Polizei von mehreren Personen bestätigt...“

http://regiowiki.pnp.de/ index.php/Die_schwarze_Frau

Nicht nur, dass die seltsame Alte wirre Prophezeihungen von sich gab, es passierten mit überdurchschnittlicher Häufigkeit tragische Unfälle ... oft an kerzengeraden Streckenabschnitten und ohne Fremdeinwirkung, also ohne Unfallpartner. Und immer wieder erschien sie, stets in negativer Mission. Die Schwarze Frau.

Später wurde sogar das „Sehen“ der Frau von der Polizei verboten, es dräute Führerscheinentzug (Halluzinationen!), wenn nicht gar die Einweisung in eine geschlossene Anstalt.

Und doch. Da ist ein wahrer Kern:

Wer unter dem Schlagwort „*Unfallhäufung*“ recherchiert, stößt zumeist auf trockene und lebensfremde Statistiken, auf Zeitfenster, Spekulationen über unübersichtliche Kurven, witterungsbedingte Straßenverhältnisse und sonst noch alle denkbaren „rationalen“ Erklärungen.

Denn. Keiner „sieht“ die *Welt hinter der Welt.*

Und es ist - der Ort!

Magische Orte können positiv oder negativ auf den Fahrer einwirken, sie schenken Lebenskraft oder ziehen an dieser. Und bestimmte Orte und Strecken rauben gar die vitale Lebenslust, sie saugen am Vorbeikommenden mit einem tödlichen Energievakuum. Später wird der Verunglückte sagen:

„Da war eine dunkle Gestalt …, die wollte einsteigen … “

Denn das Unterbewusstsein schafft Wirklichkeiten, die weit über das rational Erfassbare hinausweisen.

Wer also seelisch im Grenzbereich ist, eine schlechte Lebensphase durchmisst, Enttäuschungen erleben musste; wer gar Alkohol oder Tabletten zu sich nimmt, der sollte solche Strecken unbedingt meiden!

Denn neben den Weißen Frauen, die es zumeist bei einer spukhaften Erscheinung bewenden lassen, sind die Schwarzen Frauen handfeste Unglücks- und Todesboten. Und es kann unmöglich nur „Zufall" sein, dass an bestimmten Stellen von Bundesstraßen und Autobahnen (eben vor allem im „Wald") so spektakuläre und tragische Unfallhäufungen zu registrieren sind.

Besonders gefährlich ist folgende *Bayerischer-Wald-Streckenabfolge:*

Wegscheid, Hauzenberg, Waldkirchen, Freyung, Grafenau, Spiegelau, Regen (eingemauerte Frau in der Ruine Weißenstein! Weiße Frau!, siehe in diesem Buch), Bodenmais.

„Schwarze Frau“, „Weiße Frau“. Zumeist ist’s eine Wiedergängerin, eine Unerlöste. Auch hier schafft das Unterbewusste sichtbare Wirklichkeiten, ist doch immer an dem Ort (!) etwas Seltsames vorgefallen. Oder noch schlimmer:

Indes: In der Regel bleiben „Weiße Frauen“ weniger gefährlich, sie sind dennoch der sichtbar gewordenen Parallelwelt zuzuordnen. Das Unterbewusstsein lässt sich nicht so leicht betrügen.

Auch die legendäre *Ruine Weißenstein* im Bayerischen Wald bei Regen kennt die umtriebige Weiße Frau. Tatsächlich soll dereinst eine Burgherren-Gattin aus Eifersucht in den Grundsteinen eingemauert worden sein.

In seinem Buch „Bayerische Schlossgespenster“ weist Karl Heinz Reger auf ein seltsames (Spuk?)Phänomen: Weiße Frauen bevorzugen Burgen, Schlösser, weite Hallen mit hohen Decken. Eher vornehme Adels-Orte also mit viel Platz und beflügelbarer Phantasie.

Selten sind die Gespenster in Arbeiterwohnungen mit Platznot zugange!

Das Gespenst der Armut duldet wohl keine anderen Ungeister.

NIEDERALTAICH

Energie vom Himmel zur Erde gezogen

Kirchen, Dome, Basiliken, „Tempel“ dieses Formates wie die Basilika von Niederaltaich stehen niemals an der falschen Stelle. *Der Ort* wurde von Wissenden erwählt. Und so verraten schon von weitem her die wuchtigen Doppeltürme mit den spitz aufragenden Dächern, dass genau hier Energie vom Himmel zur Erde gezogen wird.

Schon nach der Ausfahrt „Hengersberg“ geleitet und führt Sie das faszinierende Ensemble hierher.

Dann stehen Sie vor der Fassade, und es ist, als würde Sie energetischer Schauer durchpulsen. Bilden Sie ein Dreieck mit den Ecken der Gesamtfront und sich selber. Dann stehen Sie genau richtig. Es zieht in den Gliedern, es weitet sich die Seele. Kommen Sie dann langsam und mit „Bewusstsein“ dem Spitzbogen der Vorderfront näher. Spüren Sie …?

Verweilen Sie im Inneren der Basilika an dem ovalen Weihwasserbecken aus Salzburger Marmor.

Von hier aus, die Mittelachse ist deutlich als Kraftlinie spürbar, lassen Sie das magische Spiel von Hell und Dunkel auf sich einwirken.

Viele Symbole der Einweihung: auf dem zweiten Deckenfresko nach dem Taufbecken in Richtung Altar – der Äskulapstab. Stab der Hermes? Spindelnder Einweihungspfad der Kabbala? Der Lebensbaum auf dem Bild verrät es …

Emaillierte Namensschilder, rechts auf den Bänken: „Nur für Männer“. So war es früher. Denn bei jeder Kirche ist rechts die männliche, links die weibliche Energie. Das entspricht den Gehirnhälften. Mittelgang, Mittelsäule, der Ausgleich der Polaritäten. Wenngleich man heute „gemischt“ sitzt: Die morphogenetischen Felder bleiben.

Das Kloster hat eine alte Geschichte. Wurde es doch bereits 731 oder 741 vom bayerischen Herzog Odilo gegründet. Das Kunstgeschichtliche entnehmen Sie dem Kirchenführer, uns interessiert die Ortsenergie! Die Magie des Da-Seins!

Die ist, wie zumeist, außerhalb des Sakralraumes. Gehen Sie zur Südseite, der Friedhofsseite!

Gleich beim schmiedeeisernen Tor an der Wand des Langhauses entdecken Sie die Gedenkplatte zur Grundsteinlegung. Ein Kosmos aus okkulten, mythologischen Zeichen und geheimnistragenden Sigillen: Quadrate mit einbeschriebenen Quadraten, eine ungesagte Drehbewegung in der Statik. Die Quadratur des Kreises: durch Glauben?

Blick von der Donau aus auf die Basilika der Benediktinerabtei St. Mauritius in Niederaltaich in der Nähe von Deggendorf in Niederbayern

Wenn Sie schon da sind: Besuchen Sie, genau fünf Kilometer südlich von Niederaltaich, die Burgruine Winzer. Auf stolzer Höhe über der wunderbar geschwungenen Donauschleife auf Sie wartend. Macht, Einfluss, aber auch Verantwortung „trägt“ der Ort. Die geborstenen Mauerreste raunen uralte Mären. Und auch eine Tafel spricht: *„1005 erscheint Winzer erstmals in einer von Heinrich II. ausgestellten Urkunde.“* Der hatte übrigens im Jahre 1007 das Bistum Bamberg gegründet.

Blicken Sie von hier auf das energetische Leuchten von Niederaltaich.

Sender-Energie! Magisch, himmlisch, christlich? Jedenfalls faszinierend.

Basilika St. Mauritius der Abtei Niederaltaich in Niederbayern: Der Blick geht vom Taufbecken als Symbol des Lebensanfangs bis zum Kreuz am Ende des Weges.

KLOSTERKIRCHE RINCHNACH

Flussmuschel-Kapelle und ein Hauch des Ewigen

Sie stehen vor einer imposanten Gruppe aus Baukörpern: Quader, Zylinder, Dach-Dreiecke, Rundformen, der sendende Turm – und Sie sind befangen. Oder sind Sie etwa ge-fangen?

Der Ort. Etwas Undefinierbares lockt Sie.

Vielleicht gar … der Hauch des Zeit-Enthobenen, ein zarter Flügelschlag des Ewigen.

Die Ewigkeit ist ein magischer Ort auf der gedehnten Schiene der Zeit. Die alten Kultstätten, Kirchen, Kathedralen und Klöster stehen nicht umsonst da, wo sie stehen.

- 1008: St. Gunther ging als Einsiedler in den Bayerischen Wald und lebte auf dem Ranzingerberg bei Lalling.
- 1011: Er zog mit einer Gruppe von Benediktiner-Mönchen tiefer in die Wälder, um dort ein Kloster zu errichten.
- 1019: Nach acht Jahren Arbeit wurde Kloster Rinchnach am 29. August geweiht.

https://www.bayerischer-wald.de/Media/Attraktionen/Benediktinerkloster-Rinchnach

Solche Zahlen geben kund, dass das Kloster und seine Geschichte alt sind. Die fesselnde Ortskraft, wie sie schon vor der Anlage spürbar wird, resultiert aus der Histo-Geomantie, also der der morphogenetisch abgespeicherten Geschichte. Die der Ort gespeichert in sich trägt.

So imposant die Kirche innen sein mag, begeben Sie sich in die rechte (!) Seitenkapelle. Sie ist von Muschelwerk dominiert und zeigt die Ölberg-Szene. Der goldene Kelch im Vordergrund ist wohl der, den Jesus lieber an sich vorbeigehen lassen würde. Dadurch ist der heiligende Raum geprägt vom:

„Dein Wille geschehe, nicht meiner!"

Das erinnert wiederum an die Worte Mariens beim Englischen Gruß (Ankündigung der Empfängnis durch den Heiligen Geist) und das bedingungslose Sich-Fügen in Gottes Willen.

Sich Hinein-Fügen, das EGO hintanstellen. Lassen Sie diese Gedanken zu: Und da ist er, der Hauch des Ewigen.

Vielleicht ist es das perlmutterne Schillern der Flussmuscheln, die diesen Transzendenz gebärenden magischen Raum prägt. Muscheln sind „verschlossen", sie bergen im Innersten die Perle. Muscheln sind, wie Perlmutt, stets ein Symbol des Weiblichen.

Man muss sich Mühe geben, so wie mit dem Glauben oder auch einem geliebten Menschen.

Diese Seitenkapelle der Klosterkirche von Rinchnach mit dem Grab des seligen Mönches Herrmann ist die einzige (!) Kapelle in Bayern, die mit echten Flussmuscheln ausgestattet ist.

Rinchnach, Pfarrkirche St. Johannes Baptist (ehem. Benediktinerpropsteikirche) von Südwesten. Im Mittelgrund der Pfarrhof (ehem. Klausur).

Frauenbrünndl

Von hier aus: Die Wallfahrtskirche Frauenbrünndl nicht vergessen! Genau an jener Stelle, da die Geschichte von Rinchnach den Anfang genommen hat. An der Quelle also, im doppelten Sinne, da steht das Quell-Heiligtum. Malerisch im Wald östlich von Gehmannsberg, von der Rinchnacher Kirche ab, links vorbei, dann die Straße hoch …

„… do umi, auffi …“, wie die freundliche Mesnerin willig beschreibt. Niederbayerische Ortsangaben, göttlich, sie setzen die eigene Intuition des „Wohin?“ voraus.

Im Tal des Baches Rinicha werden Sie sehend, im Inneren des reichlich bebilderten lichten Kapellenraumes erfühlen Sie einen innern Quell!

Den sprudelnden Urquell – der Fröhlichkeit!

LEUCHTENDE RUINE WEISSENSTEIN BEI REGEN

Da ist die arme Seele, eingemauert!

Der Quarz tritt nur an wenigen Stellen an die Oberfläche; ansonsten ist der Pfahl nur als Höhenzug erkennbar. In Weißenstein bei Regen erreicht er mit knapp 750 m über dem Meeresspiegel seinen höchsten Punkt; auf dieser Erhebung steht die Burgruine Weißenstein ..." (wikipedia)

Burgruinen sind gemauerte und zu Stein gewordene *Magie*.

Magie in einem recht dunklen Sinne, denn die Burgruine dringt sofort in Ihr Unterbewusstsein und löst dort ein „unterirdisches" *Bewusstseins-Paket* aus. Magie verändert, dies ist ihr ureigenes und so gefährliches Wesen. Magische Orte verändern.

Der Ort nimmt einen mit. Der Ort ist Energie.

„ ... Einst bot die mächtige Trutzburg Land und Leuten Schutz und diente als Ministerialsitz.

Noch heute zählt die **Burgruine Weißenstein** zu den bedeutendsten Burganlagen in Ostbayern.

Schon von weitem sind die Mauern der Burg zu sehen. Denn als die Grafen von Bogen um 1100 die Burg bauten, wählten sie den Ort geschickt: Die Burg thront auf rund 750 Meter Höhe direkt auf dem weißen Quarzfelsen des Pfahl, der sich kilometerlang durch den **Bayerischen Wald** zieht und in **Weißenstein** einen seiner höchsten Punkte erreicht.

http://www.regen.de/index.php/faszination-weissenstein/67-burgruine-weissenstein

Faszination „Burg“. Es ist diese Archaik: Man sieht von weitem schon, wer das Sagen hatte – und oft auch heute noch hat. Denn Macht braucht ihren Ort.

Die *Ruine Weißenstein* bei Regen im tiefsten Bayerischen Wald ist für mich die magischste aller Burganlagen, bedeutet die in höchstem Maße seelengreifende aller Ruinen. Denn hier kommt alles zusammen, was gelebter Okkultismus und auch schwarze Magie bieten können:

Beginn des „Hohen“ Mittelalters, Zeit der Kreuzzüge, der Templer und damit einer okkulten Ritter-Spiritualität, die bis heute vermögensbildend nachwirkt. Templer und Geld? Lesen Sie ein gut gemachtes Buch über Templer und Sie sparen sich jede Anlage-Beratung.

Und der magische Ort! Die Burg steht auf dem Silicium-haltigen Pfahl, der die Sinne ebenso beeinflusst wie moderne Computer-Chips aus demselben magischen (!) Material dies vermögen. Vergessen Sie nie die Speicher-Energie und damit die abrufbaren Gedanken dieses Materials. Bei Viechtach erreicht dieser magische „Pfahl“ den höchsten Punt, reicht gar 30 Meter aus dem Boden.

Im Hohen Mittelalter, so um das Jahr 1100, ist die Burg auf dem „weißen“, in Mondnächten so seltsam magisch-lockend gleißenden Pfahlfelsen errichtet worden. Die weißen Quarzsteine ließen nicht lange nach dem passenden Namen suchen: *Weißenstein*.

Man spürt heute noch, wie viele Opfer der Trutzbau auf senkrechtem Felsen gekostet haben muss.

Es folgt die übliche Zeitenfolge von Herrschaft, Niedergang, Zerstörung, besonders durch die Schweden, schlimmer noch die Panduren. Denn im österreichischen Erbfolgekrieg wurde die stolze Burg nahezu vollständig geschliffen. Die Romantik mit ihrer verklärten Sicht auf das Mittelalter und ein Wertesystem, das wohl nie so existiert hat, begann mit aufwändigen Sanierungen. Heute ist die hoch aufregende Ruinenanlage ein Ort des Anschauens, der Fernsicht – und der okkulten Seelenschau!

Und da ist die arme Seele, eingemauert!

Die schlimme Sage von der eingemauerten Frau wird jeder Fühlige für wahr halten: Die Burg „birgt" ein schwarzes Geheimnis, das aber weit über die Schauersage hinausreicht. Sie können von der Burgruine aus auf dem „Drachenrücken" des Pfahl wandern, fühlen und staunen.

Hingehen ist wichtig: Betreten Sie die Freitreppe und den hölzernen Steg, der an der frei stehenden Ruinenmauer über einen im Doppelsinne dunklen Abgrund zum Turm führt.

Dann geraten sie in ein Zeitenloch. Sie sehen die so genannte Zukunft. Weil diese längst da ist.

Die *Gegenwart* Ihres Denkens und Da-Seins retourniert Sie in die *Vergangenheit. Und die ist aus der Zukunft „gesehen" … Gegenwart.*

Gar scheint es so, als habe dieser *Magische Kraftort* kontrollierende Sender-Energie über alle anderen Kraftorte *Niederbayerns*, vor allem die im „Wald".

ST. ENGLMAR

Über allen Wipfeln wanderst du den Waldwipfelweg und der heilige Englmar wöll für uns bitten immerdar.

Bevor wir uns dem unverwesten Heiligen widmen, der alljährlich zu Pfingsten in St. Englmar wiedergefunden wird:

„… Der *Wipfel* der Gefühle …"

Oder: *Über allen Wipfeln ist Ruh?*

Nicht nur das. Sondern da ist auch ein Wipfelweg.

Gemeint ist damit der WWW (WaldWipfelWeg) bei Maibrunn ganz in der Nähe vom Wunder- und Kurort St. Englmar.

Denn dieser schwingende Hochplanken-Pfad in Höhe der Baumwipfel, er ist bis zu 30 Meter hoch und barrierefrei. 2,5 Meter breit schlängelt sich der Hoch-Weg in Wipfel-luftiger Höhe bis zu einer

Aussichtsplattform. Übersicht ist immer magisch, denn wer den Überblick hat, der kann beeinflussen.

Über die Höhenzüge des „Waldes“, übers Donautal und die Ebenen des Gäubodens gleitet dann der Blick. Und wie immer, das Oben-Sein schafft augenblicklich ein Hochgefühl der Seele.

Oben: Da ist eben der Himmel.

Der Kraftortfreund sucht in St. Englmar und der wunderbaren Umgebung lieber die Spuren des liebenswerten und naturverbundenen Heiligen, der, wiewohl erschlagen, bei seiner Wiederauffindung unverwest überraschte.

Der fromme Einsiedler muss die Natur geliebt und gesucht haben. Natur in der ursprünglichen (natürlichen) Form, und nicht das geradezu lächerliche Angebot von Outdoor, Events, krampfhafter Freizeit-Belustigung. Das blieb ihm ja auch von der Zeit, dem Anfang des 11. Jahrhunderts, erspart.

Man hat hier in der Umgebung manchmal den Eindruck, als ob der gutmütige Einsiedler, der sicher für die reine Ursprungs-Seele des Ortes im Bayerischen Wald steht, ein zweites Mal hingemordet würde. Und dem Tourismus geopfert.

„Blick auf St. Englmar, im Hintergrund Hotelbauten …“ so beschreibt sogar die werben wollende Wikipedia-Seite den Ort heute. Denn das Panorama inmitten der wunderbaren sanft geschwungenen Landschaft ist von Hotelkomplexen dominiert.

„In den 1970er-Jahren baute man den Ort zum Wintersportzentrum aus. Im November 1973 wurde in über 900 m Höhe auf 52.000 m² Fläche ein 440 Appartements mit 1150 Betten umfassender Ferienpark mit zahlreichen Hotels, Ladenpassagen und Sportanlagen eröffnet, der von den Einheimischen den Namen „Schachterldorf“ erhielt. 1980 bot die Gemeinde eine Kapazität von 3123 Betten und zählte 486.949 Übernachtungen.“ (wiki)

Sehen wir den positiven Aspekt: Keiner ist allein, keiner wird sich langweilen. Wir suchen aber den magischen Ort.

Sagen sind immer Hinweise auf besondere Orte:

Sagen haben nicht nur ein Körnchen Wahrheit, sie sind geronnenes Wissen des Kraftortes. Die Energie des Hier-Geschehen bleibt immer am Ort „hängen“, Geistersagen künden davon.

So soll der fromme Englmarus, der 1060 im Lüftlhof bei Passau geboren und nach einer Ausbildung beim Bischof eine Einsiedelei donauaufwärts eingerichtet hat, hier in der Gegend des heutigen Luftkurortes bei weiten Teilen der Bevölkerung auffallend beliebt gewesen sein. Sagen-haft beliebt.

Ursünde Neid. Mitbrüder mit geringerem Fromm-Faktor (oder waren es besonders Fromme?) neideten dem Englmar den Seelenfrieden und die Beliebtheit – und schlugen ihn hinterrücks tot.

Das alles geschah im kalten Winter, ohne Zeugen. Wirklich? Die höheren Mächte sehen alles. Man verscharrte den armen Toten, unter gefrorener Erde und viel Schnee. Beim nächsten Pfingstfest aber war dort (Heiliger Ort!) ein wundersames, überirdisch anmutendes Leuchten. Auch von Wohlgerüchen wird berichtet.

Man fand den Erschlagenen gänzlich unverwest, der Graf von Bogen brachte ihn auf einem Ochsenkarren zu Tal, man errichtete eine Kapelle, dann 1131 die Kirche.

Nicht nur eine Sage. Und mehr als ein Körnchen Wahrheit. Englmar hat Engel, die Himmelskraft, bereits im Namen.

Wandern Sie auf den herrlichen Wegen oberhalb des Ortes. Oder hoch über den Wipfeln, auf dem Waldwipfelweg.

Bis heute wird der Brauch des legendären *Englmari-Suchens* am Pfingstmontag gepflegt.

Das Wunder ist überall.

Unverwestheit ist ein Symbol. Es bedeutet, dass die Zeit im Raum anhält.

Nur das Wesen, die Seele bleiben.

Unver-west: Es besteht und überlebt (!) das Wesentliche.

BOGEN UND BOGENBERG

Ringwall; Marienwallfahrt, die Gottesmutter schwimmt „gegen den Strom“; – und die bayerische Raute – und die „Drei Frauen“.

Wir stehen staunend im keltischen Ringwall, haben die Übersicht, fühlen das Prickeln an den Fuß-Sohlen …

Kraftorte liegen auf geraden Linien, den „Drachenpfaden“ (Leylines, Wachstums-Linien, wie immer Sie es nennen wollen). Diese Geraden sind zueinander parallel und schneiden sich: So, dass ein RAUTEN-Muster entsteht. Die Raute also als *Einweihungszeichen der Verbindung magischer Orte*. An den Schnittstellen findet der Freund magischer Kraftorte oft die Raute im Namen: Rott, Rottenbuch; Rottalmünster (Niederbayern!), Kreuth, auch Bay-reuth, Schneizl-reith …)

Und die Grafen von Bogen haben die Raute ins bayerische Wappen gebracht!

Hier an der „Eingangspforte zum Bayerischen Wald“ betreten wir einen klassischen Kraftort, mehr noch: ein begehbares Kraftort-Feld, mit allem, was dazu gehört: Maria, *das Weibliche*, die wuchtige Noch-Gegenwart der Ahnen, der beeindruckende keltische Ringwall. Dazu erlebbare Histo-Geomantie: Geschichte also, die dieser magische Ort geprägt hat. Und dunkle Sagen, die von der Urkraft des heilenden, aber auch Macht verleihenden morphogenetischen Feldes zeugen!

Denn das, was heute ein Marien-Ort ist und Heilung, Gebären, Lebensfreude schenkt, geht auf viel ältere Wurzeln zurück.

Durch die (relativ späte) Christianisierung wurde aus weisen Ahnfrauen und Heilerinnen der Vorzeit oft die irrlichternde „Weiße" Frau der Sage, zumeist indes die Gottesmutter unseres heutigen Glaubens, Maria.

Schon seit der frühen Bronzezeit war der energetisch aufgeladene Bogenberg eine befestigte Siedlung, die heute noch von dem gut sichtbaren Ringwall umgeben ist. Die Kraft und das Vermächtnis der Ahnen wirken allgegenwärtig, gemahnen aber uns von den Medien ferngesteuerte Zeitgenossen, die eigenen „Wurzeln" nicht so leichtfertig zu verleugnen. Heute bekrönt eine weithin sichtbare Marien-Wallfahrtskirche den Bogenberg.

Später trug der „Kraft-Berg" eine hehre Burg, die heute aufgelassen ist. Dann, ab dem 12. Jahrhundert, dem beginnenden hohen Mittelalter also, sind die Grafen von Bogen da, die den lange schon „wirkenden" Kraftplatz für sich vereinnahmt haben.

Ludmilla von Bogen, schon von der Herkunft steinreich, Tochter des Herzogs Friedrich von Böhmen, dann aber bald Kreuzzugs-Witwe eines Bogener und böhmischen Prinzen, heiratete in zweiter Ehe den Bayernherzog Ludwig den Kelheimer.

Ihre drei Söhne aus erster Ehe blieben kinderlos, als sie dann starben, wanderte das gewaltige Erbe an Bayern: damit auch das Wappen der Grafen von Bogen, das so genannte „weißblaue Wecken" (Rauten). Denken Sie an ein Weckerl, das ist ein Brot in Rautenform; der Maler Spitzweg signiert mit einem S in der Raute, dem Spitz-Weck.

Der Bogenberg ist 431 Meter hoch, gilt als Vor-Berg(erl) des Bayerischen Waldes. Der Kulthügel bildet das Pendant zum „Heiligen Berg" von Andechs. Und schon haben wir den *„Heiligen Berg von Niederbayern"*. Ein uraltes keltisches Heiligtum mit der Kraft der Ahnen.

Etwa 1800 bis ungefähr 800 vor Christus besiedelt, also während der Bronze- und Urnenfelderzeit, bedeutet der gesamte Bogenberg mit seinen keltischen Ringwällen, einen Star unter den Magischen Kraftorten in Niederbayern!

Wir stehen da auf einer monumentalen Naturkanzel, die sich mit Macht bis ans Donaugestade vorgeschoben hat. An der Südwest-Seite 118 Meter hoch und recht steil abfallend, darf der Panorama-Blick des Suchenden Pilgers ungehindert fliegen – über den Bayerischen Wald und den Gäuboden, fliegend, schwerelos enteilen. Die Seele wird bei diesem Gedankenflug gleich mitgenommen.

Und dann die schwangere Maria, („Maria Gravida") genau am magischen Dreh- und Angelpunkt der weithin sichtbaren Wallfahrtskirche. Einfach liebenswert, diese Hochschwangere, wie sie glücklich ihr Baby-Bäuchlein streichelt. *Ihr verinnerlichtes Lächeln zeugt von unhinterfragtem Mutterglück!*

Selten in der eher Leib-feindlichen christlichen Ikonografie sind derart deutliche Darstellungen der realen Körperlichkeit des Kinderkriegens. Denn das Jesus-Kind ist in einem offenen Bauch-Kasterl zu sehen.

„… bayde Arm seynd in den Mantl eingeschlagen, bayde Händ aber, wie der schwangeren Frowen ihr Bauch, legen ob den schwangeren Leib …“

Der Legende nach ist dieses Liebe, Leben, Schöpfungsfreude abstrahlende Gnadenbild im Jahre 1104 auf der Donau dahergeschwommen gekommen, noch dazu *gegen die Stromrichtung*. Geht das? Ein Wunder also.

Wunder sind nicht gegen die Natur; sie sind nur *gegen unser Verständnis von der Natur*, hat Augustinus festgestellt.

„Schon trug im Jahr Elfhundert vier
Der Donau Fluth mit Gottes Segen
Dein Bild, Maria, uns entgegen.
In seiner Schlosskapelle hier
Hat Aswin, Bogens frommer Held,
es Dir zur Ehre aufgestellt.“

Man muß wohl kaum noch dazusagen, wofür die Wunderstätte gut ist und wirkt. Wer hierher kommt, der sucht – das Leben.

Und ist damit ganz nahe bei GOTT.

Und dann die Sage von den Drei Frauen!

Die ursprüngliche Wall-Anlage des Kult-alten Bogenberges war den vor-christlichen drei *Muttergottheiten* gewidmet. Die Sage weiß von einem Schatz, der hundert Meter tief im Berg verborgen sein soll.

Bei Vollmond stieg ein Hirtenbursche den Bogenberg hoch, um ein verlorenes Schaf zu suchen.

Dann! Was ist das! Drei wundersame Frauen stehen vor ihm.

„Hilfst du uns?“

„Ei freilich!“

„Erschrick aber nicht, die Mächte des Bösen …!“

„Ach was.“

So stieg man nach weiter noch oben, um den Schatz zu heben.

Der junge Kerl dachte, dass alles halb so wild sei – aber dann ward's schrecklich. Ein Monsterdrache, ein glitschig-glatter Hässlicher-Wurm kroch aus dem Berg!

Nix wie weg. Er rannte davon, so schnell er konnte.

Und die Drei Fräulein (Bethen, Hexen, Heilerinnen, Muttergottheiten) bleiben, blieben unerlöst.

Männer …

(siehe auch Gottsdorf/Saurüssel/Drei Bethen in diesem Buch)

EIN KLOSTER EXKOMMUNIZIERT!

Kloster St. Matthäus in Asbach: Gralsburg im Herzen Niederbayerns!

Wer sich auf die Heiligkeit des Ortes oder gar der Landschaft einlässt und so etwas wie „Heiligkeit der Landschaft“ sucht, der wird um das gottselige Rottal in Niederbayern nicht herumkommen. Erde, Wasser, Himmel und Geist gehen hier eine einmalige Verbindung ein.

Ab Altötting (siehe da) immer gen Osten weiterfahren, auf Passau zu. Ab Pfarrkirchen (Heiliger Ort: Gartlberg) erschließt sich dann diese wunderbare, wundersame Mischung aus *Erde, Glaube, Urvertrauen.*

Bad Birnbach; Kirche Mariae Himmelfahrt, Rottalmünster, Parzham, Gröngörgen, Haarbach, Sammarei, Rainding, Uttlau (s. a. in diesem Buch), Sankt Salvator, Reisbach, Ortenburg, Aidenbach, Aldersbach, Fürstenzell, Kößlarn – und eben Asbach.

Asbach, unübersehbar: Die gralsähnliche, hoch auf heiligem Berge positionierte Gottesburg mit Kirche und Kloster fällt von weitem schon ins Auge. Der Ort ist im Wortsinne erhaben.

Tatsächlich geht's in unmittelbarer Nähe zum Kloster sehr steil den Berg hoch. Eine aufregende Serpentinenstrecke, ein Drachenpfad.

Der unmittelbare Zugang zur Kirche führt weise und wissend, wie zumeist bei sinnvoll angelegten Kirchen und deren Umfeld, durch den abladenden Ort, den Friedhof. Der ist hier ein wirklicher „Totengarten" im poetischen Sinne des Wortes: Der Seelenacker liegt so schön, dass den Besucher ein Gefühl der Heimeligkeit und des Ankommens erreicht, keinesfalls die klamme Stimmung von Abschied, Ende, Zweifel. Oder gar Angst.

Dann stehen wir vor dem bannenden Gebäude der Klosterkirche „St. Matthäus". Hier am guten Platz, direkt vor dem Westportal, strahlt die unverputzt Tuffsteinfassade Ruhe, Erhabenheit, Geborgenheit und Wärme ab, aber eben auch Respekt.

Durch das angebaute Kloster und die wuchtige Anlage schwingt und vibriert hier überall gelebter Glaube.

„Mit seiner großartigen Cuvilliés-Kirche, einem architektonischen Juwel, gelang es Asbach in den Status eines kulturellen Wallfahrtsortes aufzusteigen …“ so schwärmt zurecht der offizielle Führer. (St. Matthäus Asbach. Regensburg 2007, S. 3).

Lebendige, Stein gewordene Geschichte!

Fühlen Sie fasziniert die Urkraft von ehrlicher Gottesfurcht, Historie, Hoffnung, Macht und Wille, wie sie bei solch gewachsenen Kraftwerken des katholischen Glaubens aus allen Ritzen dringt?

Den Anfang nahm diese Abtei bereits Anfang des 11. Jahrhunderts, zur Zeit des Passauer Bischofs Altmann (1065-91).

Wegen des alles beherrschenden Investiturstreits kommt es zu einer Neugründung, allerdings unter recht ungünstigen Bedingungen. Endlich, im Jahre 1127 die Weihe der Asbacher Klosterkirche unter Bischof Otto von Bamberg.

Schließlich gar eine Exkommunikation. – Und das für ein Kloster!

Denn der unsägliche Streit zwischen Kaiser Ludwig dem Bayern und dem damaligen Papst Johannes XXII eskaliert ins Grenzenlose, so dass 1323 wirklich eine Exkommunikation für diese niederbayerische Glaubensanlage bizarre Wirklichkeit wurde.

Warum?

Das Kloster hatte zu Ludwig dem Bayern (!) gehalten. Gar nicht unsympathisch. Jedenfalls aus bayerischer Sicht.

Treten wir ein!

„Klassizistische Formgebung und Regelmäßigkeit … “, stellt die Kunstgeschichte höflich fest über den uns empfangenden mild- und milchlichtigen Raum. Eine schöne und liebevolle Umschreibung für Langeweile. Tatsächlich hängt in dieser klassizistischen Wandpfeilerkirche etwas in der Luft, – aber was nur?

„Schwermut“, gibt eine knapp hinweisende Tafel im Kircheninneren offen zu. Schwermut, da hier der Barock ins Klassizistische hinüberwechselt. Für den Feinsinnigen: Ratio überschneidet sich mit Sinnlichkeit.

Magischer Kraftort, wo?

Ich habe „meinen Platz“ außen an der Nordseite gefunden. Ein parkähnlicher Friedhof und eine wunderbar, gar wundersam gelegene Bank lockten mich an.

Heiliger, bescheidener Ort der geistigen Sammlung unter freiem Himmel.

Und ein Ort der Begegnung in der friedvollen Stille des Gottesackers. Eine wissende Frau gesellte sich alsbald zu mir, die mir meine ordnenden Gedanken und Grübeleien angesehen haben musste.

Nun aber wurde es richtig interessant. Ich erfuhr, was nicht im Führer steht:

„Hier, unter der Kirche, gibt es unterirdische Gänge!“, sagte die alte Frau, der man ansah, dass sie wusste, wovon sie sprach.

„Unter dem Kloster ist ein alter Keller, der ein Geheimnis bergen soll. Schon als ich vor vielen Jahrzehnten noch Kind war hier im Ort, hat man davon erzählen gehört …“

„Und weiter ..?“

„Der geheime Gang vom Klosterkeller führt zum so genannten „Hohen Kreuz“, einem besonderen Kraftplatz, da …“

Die Wissende deutete mit dem Finger in eine Richtung südwestlich, besann sich aber schnell.

„Früher war dort der Pestfriedhof; es ist der höchste Punkt von Asbach.“

„Wo!“ Mir stockte der Atem.

Doch dann schwieg sie – und ging.

MAGISCHER PLATZ VOR DEM BURGGRABEN:

Schloss Ortenburg.
Lassen Sie zu, dass die Schatztruhe sich öffnet.

Es ist bestimmt kein Zufall, dass sich Brautpaare (Symbole der Liebe, des Lebens und der Hoffnung selbst), intuitiv und gerne hier fotografieren lassen, nicht nur wegen der ansprechenden Optik.

Sie stehen vor (!) dem Schloss/der Burg Ortenburg, Ihr Blick schweift über die Brücke, Sie überwinden in Gedanken „den Graben". Ihre beiden Gehirnhälften schließen sich zusammen wie von Zauberhand; Sie denken *ganzheitlich*.

„… **Schloss Ortenburg** (*Alt-Ortenburg, Vorderschloss*) ist das namengebende Schloss des Marktes Ortenburg im Landkreis Passau. Von etwa 1120 bis 1805 war das Schloss Residenz der reichsunmittelbaren Grafen von Ortenburg." (wikipedia)

Der Magische Kraftort ist der große Platz vor (!) dem Schloss: Ein Platz, der seine Entsprechung „im eigenen Herzen" zum Schwingen und zum Klingen bringt.

Sie sind nicht nur in Ortenburg angekommen, sie sind, wenn Sie bewusst hier stehen, ganz „bei sich". Eine Magie des Ankommens.

Das Rund-Tor lockt, der Weg ins magische Innen der Burg scheint Sie anzusaugen. Damit der Weg ins Verließ oder in die *Schatzkammer der Seele!*

Die fest gemauerte, weiß getünchte Brücke „über den Graben" hat zwei halbhohe Steinbrüstungen, und mittig über dem Tor bewachen zwei Engel das Wappen. Links vom Haupthaus der Zauberturm, mit Efeu vollkommen zugewachsen, *er trägt das große Geheimnis.*

Und es ist immer „Ihr" Geheimnis, das da schlummert. Lassen Sie zu, dass die Schatztruhe sich öffnet.

Gehen Sie mittig auf dem Platz zur Mammut-Linde, meditieren Sie an dem 20 Millionen (!) Jahre alten „versteinerten Holz", schmunzeln Sie über die metallene Hexe.

Fühlen Sie sich beobachtet? Das ist tatsächlich so. Auch wenn das Schloss Ortenburg leer stehen mag zu bestimmten Zeiten, „Sie werden gesehen". Von Ihrem eigenen Ich. Das macht der Ort.

Von woher Sie auch kommen und den Kraftort „Ort"-enburg anfahren: Genießen Sie das ortstypische Heben und Senken der Landschaft, wie es an ein ruhiges Atmen im Schlaf erinnert und zudem die Harmonie der Sphären wiederzugeben scheint.

Der Ort nimmt einen mit. Und er sagt: Du wirst irgendwann wiederkommen. Denn im Wiederkommen schlummert bereits ein Hauch des Ewigen.

WOLKENKRATZER DES HERRN IN SCHILDTHURN:

Wunder und Kinderwunder unter dem höchsten Dorfkirchturm von ganz Bayern

Wie ein überdimensionaler, sauber zugespitzter Bleistift ragt die schlanke, überproportional hohe Kirchturmspitze von Schildthurn in den zumeist tiefblauen niederbayerischen Himmel hinein. Und holt, der Fühlige glaubt es sogar *sehen* zu können, Energien aus Himmels-Sphären herab zur Urmutter Erde.

Der überhohe Turm steht noch dazu auf altem Kulthügel und hat es in vielerlei Hinsicht in sich. Vielleicht hängt die Sender- und Empfängerenergie des Wunderturmes mit dem *Wunder des Kinderkriegens* zusammen, das diesem Wunder- und Wallfahrtsort nachgesagt wird?

Denn in früheren Zeiten war hier das so genannte „*Wiegenschutzen*" Brauch. Frauen, die sich Kinder wünschten, kamen zum magischen heiligen Ort, um eine große hölzerne Wiege zu bewegen. Dafür spendete man später, bei erfolgtem Kindersegen, aus Dankbarkeit kleine Silberwiegen.

Abgesehen von der urigen Vitalenergie am Fuße des Turmes, (Kindersegen, Lebenskraft!) wartet dieser „Wolkenkratzer des Herrn" mit einem bautechnischen Wunder auf:

„Glocke in den Turm? Es sind ja keine Öffnungen und Löcher in der Turmwand zu sehen. So präsentiert sich hier ein Meisterwerk alter Baukunst, unzerstörbar, unbeugbar, immun gegen Ideologien …"

(Der Wolkenkratzer des Herrn, Süddeutsche Zeitung).

Manchmal scheint die Sonne durch zwei runde Fenster und trifft dann genau auf die Altarmadonna. Bestimmt ein altes Wissen der Architekten um Raum – und Zeit.

Die Kirche ist dem Heiligen Ägidius geweiht, einem Einsiedler und Abt, der um 770 nach Christus in Südfrankreich gelebt hat und als Patron der stillenden Mütter gilt.

Und wieder die „Drei Frauen“: Ihm zur Seite stehen die heiligen Jungfrauen *Einbeth, Wilbeth und Warbeth …*

LANDAU AN DER ISAR

„Einkehren in Niederbayern“

Viele Menschen sehnen sich nach dem idyllischen Leben auf dem Land. In Gemeinden wie Landau a. d. Isar geht es einfach nicht so anonym zu wie in der großen Stadt. Selbst der Gang zum Amt ist persönlicher. (…) Günstige Mieten machen den Wohnungsmarkt in Landau a. d. Isar besonders attraktiv …“

http://home.meinestadt.de/landau-isar

… Und es geht dahin auf der B92, von München Richtung Deggendorf, der Drehscheibe in den „Woid“. Landshut, viel niederbayerisches Erleben, Dingolfing … nix. Lieber weiterfahren.

Kaum Sehenswertes, außer Autoindustrie, dann aber schon eher Plattling, Wallersdorf, urige Nierbayern-Power. Einkehren lohnt immer und überall.

Warum nicht runter von der Autobahn, Richtung *Landau*?

Mitten im Herzen Niederbayerns liegt da die geschichtsschwere Stadt, recht reizvoll am Hang des kraftvollen Bayernflusses Isar.

Die vom Wittelsbacher Herzog Ludwig, auch der *Kelheimer* genannt, gegründete Stadt hat fürwahr an Sehenswürdigkeiten (und gutem Essen) viel zu bieten.

Suchen Sie den **Marienplatz**. Das ist der zentrale Platz in der Oberen Stadt. Viele Geschäfte warten auf den überraschten Bummler, das Rathaus mit seiner erdgebundenen Statik schaut Sie fragend an.

Schon aufgefallen? Viele Häuser auf niederbayerischen Plätzen haben so etwas Fragendes.

Hier finden Sie sofort den Marienbrunnen. Weilen Sie am achteckigen Steinbecken mit Voluten, erbaut Mitte des 18. Jahrhunderts. Achten Sie dabei auf die beruhigende und Lebenskraft verleihende Ortsenergie. Lassen Sie die goldene Madonna, mittig auf dem Sockel thronend, willig auf sich wirken.

Maria „tut immer gut", selbst wenn Sie nicht an das heilige Geschehen glauben sollten. Energie (vor allem negative) hat Wirkung, auch wenn man nichts um sie weiß!

Also immer positive Stellen aufsuchen. Das gilt auch von allen Symbolen: Die beeinflussen Ihr Unterbewusstes und wirken *immer*, auch wenn Sie nichts um deren Bedeutung wissen.

Die gottgebärende Frau über dem Brunnenbecken ist immerhin 300 Kilo schwer, erscheint aber, durch das lichte Gold, irgendwie leichter.

So wie die Gedanken und Ideen, die sich hier einstellen.

Urbayerische Entschleunigung mitten in Landau.

Und dann – auf in eines der Traditionslokale von Landau. Hier soll nicht geworben werden, aber das reichhaltige bayerische Mahl, direkt am zentralen Platz, klingt noch heute in mir nach.

Wander-Tipp, neben den zahllosen Joggingstrecken entlang dem Isarfluss:

Der so genannte *Wachsende Felsen von Usterling* (auch: *Johannisfelsen*): Hier hat ein Quellbach im Laufe von Jahrtausenden mit seinem stark kalkhaltigen Wasser einen wandartigen rund 50 m langen und bis zu 3 m hohen bizarr geformten Felsen aufgebaut. Heilende Energien in unmittelbarer Umgebung.

ÜBERBLICK! AUCH ÜBER DIE EIGENE SEELEN-LANDSCHAFT

Wallfahrtskirche Gartlberg hoch über Pfarrkirchen. Und plötzlich verstehen Sie „Auferstehung"!

Oben ist einfach oben.

Wer oben steht, hat den Überblick, auch über sich selber. Vielleicht gar über seine krude Sünden-Landschaft?

Denn oben auf dem Gartlberg, hinter dem Hochaltar findet sich der Durchschlupf zur Nachbildung des Hl. Grabes (!) von Jerusalem: Das Hier-Sein *gewährt einen Komplett-Nachlass der Sünden*, einen Rundum-Ablass … Luther würde sich bei so viel katholischem Geschacher um Sünden und um deren Nachlässe im Grabe umdrehen. Aber der war nie hier.

Oben eben. Von weither im Rottal sichtbar. Die Doppelturm-Kirche steht „om drom" auf dem *Gartlberg*, das ist ein erhabener Hügel des magischen Hügel-Dreigestirns Gartlberg, Galgenberg (!) und Reichenberg.

Am besten zu Fuß die Erdkraft erfühlen. Steile Stufen führen einen Kreuzweg empor. Bei der XIV. Station schnaufen Sie zwar, spüren aber bereits ein Geheimnis des Ortes:

Alles hebt, Seele Körper und ebenso der Geist fangen schon auf dem Vorplatz an zu jubilieren.

Stellen Sie sich vor die ockergelb getünchte Doppelturm-Fassade, die Sie so oft bei der Vorbeifahrt von der Umgehungsstraße her gegrüßt haben.

Niederbayerische Himmels-Energie (so etwas gibt es!), wallt wohlwollend nach unten, genießen Sie das Phänomen. Neben dem ehernen Hauptportal erklärt eine Tafel:

„Wallfahrtskirche zur schmerzhaften Muttergottes auf dem Gartlberg. Erbaut 1661–1713."

Eintreten und schieres Erstaunen! Alles „zieht" im Langhaus energetisch nach vorne, hin zum Hochaltar. Auf dem Altarblatt der aufstrebende Christus wird von Engeln geradezu nach oben gerissen. Eine Stargate-Stelle. Eine Himmelsleiter im Geiste, die Sie mitnimmt!

Ort der Heilung. 1725 wurde für die Patres am Fuß des Gartlberges ein eigenes Hospiz gebaut. Der Ort erwies sich bald als wirkungsvoller Zielpunkt der Wallfahrt. Viele wundersame Erhörungswunder sind bezeugt, die Votivtafeln erzählen packende Geschichten der Erhörung.

Engel? Weiß gekleidete Mönche geben freundlich Auskunft.

„Nach dem Abschied der Salvatorianer und monatelanger Ungewissheit, wie es mit der Wallfahrtsseelsorge auf dem Gartlberg weitergehen soll, gibt es jetzt gute Nachrichten. Wie das Bistum Passau am Freitag mitgeteilt hat, wird nächstes Jahr dort ein neuer Orden seine Heimat finden. Es handelt sich um die Pauliner."

http://paulinerorden.de/kloster-neugruendung-gartlberg/

Der Gartlberg oder Kalvarienberg ist seit den Schrecken des Dreißigjährigen Krieges und der Pestzeit ein Ort des Friedens, der Heilung und inneren Ruhe. Und noch viel mehr.

Kaum sind Sie „drinnen" im Tempel, reißt die Ortsenergie nach vorne. Und dann, großes Erstaunen: links vom Altarraum, ein Schild:

„HEILIGES GRAB.

Beim Besuch desselben gewinnt man die gleichen Ablässe wie beim Besuch des Heiligen Grabes in Jerusalem."

Mein pseudo-aufgeklärtes Denken half nichts. Alle Sünden der Vergangenheit fielen mir ein. Und hier … alles weg? Umsonst auch noch!

Um den monumentalen Hauptaltar herum. Der nach oben strebende Christus auf dem Altarblatt entspricht der Energie des Magischen Ortes: Nach oben, nach oben! Ein wirkmächtiger tellurischer Trichter.

Dann aber durch eine niedrige Pforte. Der Kreuztonnen-Raum führt weiter durch eine richtige Bück-Mauer. Sie müssen sich wirklich körperlich „klein machen".

Und schon geschieht etwas mit Ihnen. Der Stolz ist weg.

Im mystischen Halbdunkel liegt da der Gekreuzigte im dreitägigen Tempelschlaf. Karfreitags-Zauber – und mit Ihrer Seele passiert Positives. Ob Sie wollen oder nicht. Sie wollen ja, - sonst wären Sie nicht da.

„Jesus wird in den Schoß der Erde gelegt …" so beginnt ein Text in dem Raume der Wandlung. Und weiter:

„Sie haben Dich ins Grab gelegt.
Ein Weizenkorn wird in die Erde gelegt.
Dort ruht es.
Dort wandelt es sich …"

Oh, was für wunderbare mystische Erfahrung der Ort schenkt:

Jesus und MUTTER Erde. Die gottgewollte Menschwerdung. Das Wachsen, Keimen, der tiefe Schlaf und das Wieder-Werden.

Ich bin der Weg, die Wahrheit. Und das …

LEBEN.

GANGKOFEN

Erdung und Schweben zugleich auf dem niederbayerischen Kraftortweg

Werfen Sie einen Blick auf die Karte Niederbayerns: Pocking, Bayerbach, Pfarrkirchen mit der magischen und Doppelturm-tragenden Höhe *Gartlberg*, Eggenfelden (hier tagt die Vereinigung der Totengräber Bayerns); Gangkofen, Vilsbiburg mit der *Wallfahrtskirche Maria Hilf*, – schließlich das schon recht großstädtische und traditionstragende Landshut.

Nennen wir dies einen Abschnitt des *„Niederbayerischen Kraftort-Weges“*!

Es gibt Orte, zumeist kleinere Städte, Marktorte, die „ziehen wie magisch“ an. Man will vorüberfahren, hat ein größeres Ziel vor Augen. Doch dann lockt irgendetwas, zumeist ein Kirchturm.

„Komm!“

Solchem Ruf soll der Kraftortfreund immer folgen.

„Fernab von den Bädern und eher touristisch geprägten Gebieten im Landkreisosten bestimmt hier vorwiegend die Landwirtschaft das Bild. Ergänzt wird dieser Haupteindruck in den letzten Jahren immer mehr von den Änderungen, die durch die sog. „Energiewende“ bedingt sind.“

http://www.gangkofen.de/

Sympathisch: Der Text einer Web-Seite prahlt nicht mit den üblichen Fremden-verkehrs-Lockungen, mit Hallenbad, Outdoor, Trecking, Kurhaus, gar irgendwelchen „Festspielen“. Sondern betont das, was den Ort liebenswert anziehend und magisch macht.

Natur, Land und Leben, Normalität.

Vielleicht ist es das „sanfte Tal der Bina“, das hier dieses *„Da bin i dahoam“* schafft?

Betreten Sie die Pfarrkirche Mariä Himmelfahrt – und staunen Sie!

Kunstgeschichtliche und bau-historische Details in Führern und im Internet. Ich staune immer wieder, mit welcher Lust an Langeweile und Details (Deutschherren, wechselnde Grafen und Machthaber, Brände, Umbauten etc.) die Infos aufwarten.

Ortskraft!

Der Grundriss ein Viereck, (überraschend), oben die Rundung. Spirituelle Quadratur des Kreises. Schon sind Sie zentriert und seelisch gefangen.

Gefangen nicht im Sinne von unfrei: Sondern Sie erfühlen: Ein angenehmes Gefangen-Sein, hin zu Gott!

Sie schauen hoch, werden schwindelig, die Heilige Familie blickt liebevoll zurück.

Das monumentale Altarblatt zeigt, dem Motto der Kirche folgend, die Auferstehung Mariens.

Und wie immer verrät die Ikonografie: Dies hier ist ein hebender Ort. Eine unsichtbare Himmelsleiter. Der Weg nach Oben ist frei.

Links vom Altar sticht Georg den Drachen. Sicherer Hinweis auf einen hier verlaufenden Drachenpfad, auf fließende, lebens-spendende Erdenergie.

Ermutter Gaia und Gottesmutter Maria.

Erdung und Höhenflug.

Wer mit dem Kopf in den Himmel schaut,
muss mit beiden Beinen fest auf der Erde stehen.

Nutzen Sie dies. Lassen Sie Gedanken, Visionen, lassen Sie Ihren Glauben fliegen.

Der Ort nimmt Sie mit.

KLOSTER ALDERSBACH IM PASSAUER LAND

Ortskraft und Bier – – und ein Jonas-Walfisch im Bierfassl

Der erste Eindruck ist der beste?
Geht ja schon gut los. Denn im Inneren des Klosterhofes steht meterhoch dominant und monumental aus Holz geschnitten, eine bemalte Bier-Version der Münchner „Bavaria“. Das urige Kraftweib hält zwölf Maßkruge (biblische Zahl? 12 Apostel? 12 Stämme Israels?) - und man merkt betroffen, dass man „zu spät“ ist.

Zu spät wofür? Die bayerische Landesausstellung „BIER IN BAYERN“ war hier, sie ging vom 29.4 bis zum 30.10. 2016.

Bleibt eben nur die Bier-Bavaria, die bayerische (BBB?).

Gut so. Kraftortfreunde wissen: Nüchtern spürt man mehr, Alkohol vernebelt die feineren Sinne. Aber wenn wir schon hier sind und im weiträumigen Klosterhof stehen:

„Bier – Bayerns fünftes Element: Anzapfen und Anbandeln, Bieraufstand und Bierkönigin, Brezen und Radi, Freibier und Starkbier, Radler und Russ, Rausch und Genuss, Schützenliesl und Steyrer Hans, Seidla und Pfiff, Weißbier und Weißwurst, Zoigl und Zwickl…"

http://www.hdbg.de/bier/

So selbstsicher wirbt der Ausstellungstext für sein Objekt der Trinkbegierde. Denn im Jahre des Herrn 2016 jährte sich der Erlass des bayerischen Reinheitsgebots zum 500. Mal.

Immerhin, die kellnernde Bavaria steht energetisch nicht schlecht, genau auf dem „Drehpunkt“ zwischen Kirche, Bräustüberl und Brauerei. Wer den großen Brauerei-Parkplatz gefunden hat und so auf kurzem Wege in den Klosterhof gelangte, der ist bereits „aufgeladen“. Pure Lebensenergie, auch Macht und gelebte (bayerische) Geschichte.

„Eine der schönsten Marienkirchen Bayerns findet sich im ehemaligen Kloster Aldersbach.

1120 wurde das Kloster von Bischof Otto von Bamberg gegründet und bald darauf von Zisterziensern übernommen, die es zu hoher Blüte führten …“

http://www.passauer-land.de/kloster-aldersbach/

Nicht nur das. Hat man doch im 18. Jahrhundert die berühmten Gebrüder Asam mit der Innen-Ausgestaltung dieses bayerischen Tempels beauftragt. Kunstgeschichtlich Interessierte sind bei diesem Deckengemälde „im Himmel“. Denn die Künstler des Barock und Rokoko haben den Himmel auf die Erde holen wollen, nicht ganz ohne Erfolg.

Haupttor und Turm – energetischer Wasserfall

Doch wir suchen eine *Magie des Ortes* und die lockt gewaltig: am Bräustüberl vorbei, wieder durch einen Torbogen. Dann vor dem imposanten Haupteingang zur Klosterkirche staunendes Innehalten. Ein unsichtbarer energetischer Wasserfall scheint von dem sich über dem Portal hoch erhebenden Turm herab nach unten zu fließen und sich an dem Dreieck über dem ersten der drei Geschosse zu teilen.

Visionen stellen sich ein, der Lebensmut nimmt zu, eine unbeschreibliche Kraft der Heilung wird spürbar. Wer das Geheimnis von Kirchen ergründen will: Hier steht der Turm im Westen, wächst gewaltig über dem Hauptportal, so dass die zentrierende Kraft des Innen-Außen von oben her umflossen wird!

Auf der kühlen Nordseite sind gewaltige, wohl altgediente Glocken aufgereiht: Hören Sie den „Klang der Stille"? Denn alles schwingt, auch wenn vordergründig nichts zu hören ist.

Im Inneren.

Die Magie des Nach-vorne! Spüren Sie, wie die Kraftlinie Mittelgang nach vorne zum Altar strebt. Die rechts- und linksdrehenden Säulen am Ort der Wandlung verstärken und bewirken dies. Der Saalbau ist 21 Meter lang, 21 Meter breit, 20 Meter hoch. Seelengreifende und klangbildende Abgewogenheit des Goldenen Schnittes.

Die eherne Altarschranke wirkt geradezu brutal: Eine abrupte energetische Grenze. Darüber Christus als Richter. Doch Blicke und Seele des Besuchers fliegen zum Hauptaltar nach vorne.

Maria. Das Weibliche. Ewige Urkraft von Geburt, von Boden und Land.

Schmunzelndes Erkennen, dass die Linien des Mittelganges mit der Gottesmutter und der Bier-Bavaria außen einen rechten Winkel ergäben. Zufall? Gibt es nicht.

Kenner er-„kennen“ unter dem Glassarg mit dem in katholischen Kirchen beliebten Gerippe des rechten Seitenaltares das Templerkreuz in den Farben Schwarz und Weiß.

Und links der sehenswerte Jonas im Maul eines Wales. Eigentlich ist's ein urbayerischer Waller.

Der abtrünnige Prophet mit einer Ogottogott!-Geste im geöffneten Wall-/Waller-maul; der Fisch aber schwimmend im oberen Teil eines Bierfassls.

Fisch, Meer, Tiefe: Symbole des Urgrundes der Schöpfung – und Bier. Die verflossene Landesausstellung scheint dieses Schmankerl übersehen zu haben.

Schmankerl: die Portenkapelle (für die Frauen, die das Kloster nicht betreten haben dürfen) mit eindeutigen Freimaurer-Symbolen. Winkelmaß, Gott als Weltenbaumeister ... Und der zu tiefem Grübeln einladende Spruch, aus dem Lateinischen übertragen:

„Entweder opfert sich Gott für die Natur auf, oder das Getriebe der Welt geht zu Grunde.“

FRIEDHÖFE IN NIEDERBAYERN
MAGISCHE TOTENGÄRTEN

Sterblich ist nur der Tod selber

Es sind die weniger bekannten, die unspektakulären „Magischen Kraftorte", wie sie vor allem in Niederbayern durch ihre mitnehmende Wucht bestechen. Welcher der Totengärten übt besondere Anziehungskraft *auf Sie persönlich* aus? Sie finden den richtigen selber.

Das ist immer derjenige, der Sie „magisch" anzieht, auf dem Sie gerne auf idyllischen Bänken weilen und wortwörtlich „zu sich kommen"; ganz ohne die üblichen Standards von Trauer und ungelösten Fragen an das Sein.

Ganz im Gegenteil!

Exemplarisch sei der von *Kloster Asbach* genannt (siehe dort: Geheimgang!) und der von Schildthurn in der Nähe von Wurmannsquick.

Schildthurn deshalb, weil dort der 80-Meter Turm als höchster Dorfkirchturm der Welt über den kirchumgebenden, mauerbefriedeten Totengarten wacht. Und weil das legendäre „*Wiegenschutzen*“, das (Kinder)- Segen bringende Schaukeln historischer Kinderwiegen, sowie die geistige Präsenz der Drei Bethen dem so genannten „Ende“ vom Leben (das ja gar kein Ende ist) die passende Antwort entgegensetzt: Anfang.

„93 Prozent der Menschen, die bisher geboren wurden, sind tot. Die übrigen 7 Prozent leben noch. Doch auch wir werden sterben. Das ist so sicher, dass es banal wirkt. Und doch machen sich Biologen Gedanken darum. Warum?“

http://www.tagesspiegel.de/wissen/tod-und-evolution-ewiges-leben-waere-moeglich-aber-wenig-sinnvoll/8333480.html

Jeder Friedhof bedeutet einen Ort der Erdung, der Ruhe und der Abladung.

Betrachten Sie einen Friedhof niemals als Ort der Trauer und des Festhaltens an Vergangenem. Friedhöfe sind, wie der Name sagt, eingefriedete Gärten der Ruhe. Der Garten ist immer Ort des *Wachstums*.

Friedhöfe sind für den, der *„Die Welt hinter der Welt"* schaut, Orte *ohne* Tod, magische Stätten des Zeitenschlafes vor der Wiederkunft. Also Orte von – Leben.

Leben und Glück indes sind nahe Verwandte. Mystiker des Mittelalters ebenso wie moderne Naturwissenschaftler, allen voran Quantenphysiker, sind lange schon zu der Erkenntnis gelangt:

Energie geht nie verloren. Warum und wie sollte Geist verloren gehen?

Vielleicht wählen sie für Ihre Gedanken die Aunhamer Nekropole, den weiten keltischen Totengarten mit der Kraft der Ahnen, oberhalb von Birnbach gelegen. Oder, Sie finden eines der faszinierenden Totenbretter-Ensembles im Bayerischen Wald, nahe Freyung, Zwiesel, Frauenau, Bodenmais. Oder jenes bei der Burgruine Weißenstein unweit von Regen. Alle diese Orte sind schwer „aufgeladen ,Und natürlich an vielen anderen besonderen Stätten im Wald positioniert.

Und immer die gleiche Botschaft:

Geist ist unsterblich. Denn er ist nicht an Materie gebunden. Wie auch. Geist war schon vorher da. Es gibt kein Sterben in der Natur. Also auch nicht für Menschen.

Aber es gibt die Angst.

Sterblich – ist nur der Tod. (Wären wir tatsächlich „sterblich" hätten wir mehr Macht, als uns zusteht. Wir könnten dann einen im wahrsten Sinne von Gott gegebenen Kreislauf beenden.

WELTENBURG

Mitnehmende Wasser beim Donaudurchbruch. Durchbrechen auch Sie Ihre unsichtbaren Grenzen!

Die fünfte Stufe der Demut: Der Mönch bekennt demütig seinem Abt alle bösen Gedanken, die sich in sein Herz schleichen, und das Böse, das er im Geheimen begangen hat, und er verbirgt nichts. Dazu ermahnt uns die Schrift mit den Worten: „Eröffne dem Herrn deinen Weg und vertrau auf ihn!"

(=Tagesabschnitt; Regel des hl. Benedikt, Kapitel 7)

Demut also. Die ist willkommen, wenn man den großen öffentlichen Parkplatz erreicht und von der Gebühr 3.50 Euro erfährt. Doch gibt es stille Plätze im anschließenden Ort, und das Gehen lohnt. Denn der magische Ort *„Weltenburg, Donauschleife"* muss zu Fuß erschlossen sein.

Ab dem Parkplatz ca. 20 Minuten Gehzeit, an Wochenenden ist man von vielen Touristen umgeben. Die Donau riecht eher brackig in Nähe des Parkplatzes.

Beim erwartungsfrohen Schreiten kommen Sie dann an der Anlegestelle der Donaufähre vorbei. Assoziationen zur Mythologie der Antike, zum Hades bemächtigen sich Ihrer Seele: Die Magie des *Herüben* und des *Drüben*. Diesseits, Jenseits. Liegt doch hinter (!) der Ur-Frage *„Was ist Drüben?"* das lockende Geheimnis allen Seins: Was erwartet uns drüben, jenseitig? Hier wird es ein Stück offenbar.

In unmittelbarer Nähe der Kloster- und Biergartenanlage ist das Donaubett mit den flachen Kieseln ein Muss. In Nähe des Klosters, dem gewaltigen Durchbruch nahe, scheint der Strom zu beschleunigen. Es riecht nach frischem Leben. Die wahre Energie und der Geist des Klosters sind *außerhalb* der Mauern erfahrbar. Wie so oft. Da, wo keiner es sucht.

Wenn das Wetter es zulässt, legen Sie sich in das steinerne, von der Urkraft ausgeschliffene Kieselbett und schauen den Wolken zu. Die willensstarken Wasser des geschichtsträchtigen Stromes, der dann ab Kloster Weltenburg den legendären *Durchbruch* inszeniert durch hohe und steile Felsen, diese Fluten nehmen alles mit, was den hier Weilenden belastet.

Abladende, reinigende Kräfte.

Und wenn Sie es zulassen, werden auch Sie ihren persönlichen Durchbruch erfahren.

Die Anlage „Weltenburg" ist alt, sehr alt. Man spürt: Lange vor dem Christentum wurde die transformierende Kraft des magischen Ortes erkannt, genutzt. Iroschottische Wandermönche sollen zuerst hier gewesen sein. Der Streit „Ältestes Kloster Bayerns?" muss uns nicht weiter berühren. Denn lange vor christlicher Inanspruchnahme war der Ort als magisches Kraft-Areal bekannt.

Sie haben den zumeist überbevölkerten Biergarten der Klosterschänke schnell hinter sich gelassen (die Preise sind hier weitaus höher als in Abensberg am Hundertwasser-Turm) und stehen im Inneren des Seelen-transformierenden Zentralbaues.

Wenn Architekten Meister der Magie sind, nämlich der bewussten Beeinflussung und *Manipulation* der Sinne, dann hier! Immerhin stehen Sie in einem der wichtigsten Sakralbauten des Barock in Europa. Der Tempel religiöser Sinne wurde von 1716 bis 1718 von den Gebrüdern Asam im Stil des Spätbarock erbaut. Doch das ist Kunstgeschichte. Wir finden und spüren … Magie.

Gleich nach dem Eintreten in mystisches Halbdunkel sind Sie gefangen von der monumentalen Georgs-Figur auf hohem Sockel über dem Hauptaltar. Doch der Reiter erscheint im Zwielicht, im Gegenlicht. Schon sind Ihre Sinne verführt, überführt. Das ständige Schauen nach oben, den Kopf viel zu lange im Nacken, das macht schwindlig. Ich bin sicher:

Genau das ist beabsichtigt.

Hier werden Sie, der überragenden Fresko-Kunst und des Augen-Täuschens wegen, sogar zu nackenstarrigen körperlichen Re-Aktionen gezwungen. Trick und Täuschung sind hier erlaubt:

„Trompe-l'œil [tʀɔ̃p'lœj] (frz. „täusche das Auge", von tromper „täuschen" und l'œil „das Auge") ist eine illusionistische Malerei, die mittels perspektivischer Darstellung Dreidimensionalität vortäuscht. Besonders in Wand- und Deckenmalereien erweitern solche Bilder die Optik der Architektur …" (wiki)

Stehen Sie und „lassen Sie sich gehen“, ganz im Sinne dessen, was der Raum, genau auf einer wirkmächtigen Drachenlinie platziert, mit Ihnen vorhat. Drachenlinie? Georg erdet (er sticht) den Drachen. Ein bekannter Hinweis für geomantische Feinschmecker.

Gleich beim Eingang Petrus, der Schlüssel-Mann, mit offenem Buch: ein Hinweis für Wissende, dass hier das Geheimnis nicht verschlossen ist. Sondern „offen wie ein Buch“ …

Wenn Sie nicht genug kriegen von der Rundum-Magie des Areals: Eine Schiff-Fahrt durch den nahen Donau-Durchbruch. Kraft und Lebensenergie des bewegten Wassers zwischen dem zweipoligen Magnetismus abstrahlenden Gesteins kann, bei Bereitschaft, zur Gleichschaltung beider Gehirnhälften führen.

Sie denken dann ganzheitlich.

BEFREIUNGSHALLE BEI KELHEIM

Wo oben ist – da ist oben. Macht – Magie der Zahl achtzehn und schwingende Geometrie. Dazu: Ansichten sind immer ansichtssache!

Statt sight-seeing: Hinter die Dinge schauen!

Hoch oben.

Wohl kaum gab es einen griechischen Tempel in der Antike, der ein so erhabenes Bild abgegeben hätte. Sie fahren über die Donaubrücke in Kelheim – und das fordernde Bauwerk *lockt*: Es ruft mit einem Bild seiner selbst (Imago und Magie haben dieselbe Wortwurzel), der Tempel lockt, um den Weg in die magische Höhe des Michaelsberges zu finden. Den Weg finden? Das ist so leicht nicht, vor allem, wenn die Donaubrücke gesperrt ist.

Eine Sicht-Weise des Kraftort-Freundes ist indes anders als die des Touristen. Das englische Wort für die Trivialform des Tourismus lautet „Sightseeing“. Sicht-Sehen also. Sie sehen nicht, sie starren auf eine vorgegebene Sicht-Weise.

Beobachten Sie den Reisebussen entströmende Touristen an den Sight-Seeing-Plätzen der Welt: Auf dem Display des Handys bleibt nur die vorgegebene Sicht, die Ansichtskarten-An-sicht!

„Was man sieht. Ist vielmehr eine ‚sight', eine ‚Ansicht'. Man sieht das schon Gesehene …", schreibt Thomas Steinfeld in der Süddeutschen Zeitung unter dem Titel „Sich dumm gucken".

(SZ, Nr. 228, 4. Okt. 2017, S. 11)

In diesem Artikel wird die vorgegebene Oberflächen-Sichtweise des Selfie-Touristen gar *„…brutal und zerstörerisch …"* genannt (ebenda), denn es geht ja nur um die oberflächliche Sicht einer Ansichtskarten-Ansicht …

KÖNIG LUDWIG I. PRACHTBAU AUF DEM MICHAELSBERG

Wir wollen anders sehen. Die Welt hinter der Welt erschauen.

Michaelsberg. Alle Orte mit „Michael" sind Drachenstich-Plätze, sie liegen, ebenso wie Georgs-Orte, auf ausgewiesenen Erdenergieleitenden Drachen-Linien.

Mit einem Drachenstich oder Michaels Hinauswurf des Luzifer wird für Geomanten nicht das Böse besiegt/bestraft, sondern die lebens-spendende fließende Erdkraft (Drachenkraft) angezapft und ausgeleitet!

Michaelsberg. Der magische Platz! Dies hier war immer schon Rückzugsort und auch Kultort. Fliehburg, zunächst gegen die Ungarnhorden. Dann, später, wurde der keltische Wall, der etwa im 2. Jahrhundert vor Christus entstanden ist, erhöht und verstärkt. Eine Hinweistafel gleich bei den Parkplätzen weist in das Teil-Geheimnis der gesamten Anlage. Hier setzten schon die Ahnen energetische unauslöschliche Zeichen. Man fand Hinweise auf eine Keltenstadt, die „Alkimoenis" geheißen haben soll. Doch deuten Funde aus der Bronzezeit auf eine noch wesentlich ältere Befestigungsanlage hin.

Lassen Sie zu, was hier mit Ihnen geschieht. *Der Ort nimmt Sie mit.*

Denn dies hier ist wohl der aufregendste Kraftplatz von ganz Bayern – und das im nordwestlichen Niederbayern.

Nicht zufällig wurden auf diesem Areal, das die Natur *als Berg der Kraft* prädestiniert hat, bergende Befestigungsanlagen geschaffen: Denn der Michaelsberg bildet, in der Flussecke zwischen Donau und Altmühl, den äußeren Ausläufer der so genannten Altmühlalp. Die jüngere Steinzeit, später auch die Bronzezeit und Hallstattzeit sind hier nachweisbar – und wirken energetisch nach.

Ein wirkmächtiges morphogenetisches Feld der Ahnen!

Immer gab es fühlende, weitblickende Eingeweihte, die solche geeigneten Plätze für Ansiedlungen erkoren haben. Drei Ringwälle sind teilweise noch erhalten.

Nicht nur körperlich-materieller Schutz, sondern auch geistig-spirituelle Entfaltung ist hier geschenkt. Wer oben steht, der erhält im Wortsinne den „*Überblick*".

„Die von König Ludwig I. in Auftrag gegebene Gedenkstätte für die siegreichen Schlachten gegen Napoleon in den Befreiungskriegen 1813-1815 wurde von Friedrich Gärtner in Anlehnung an antike und christliche Zentralbauideen begonnen …
http://www.schloesser.bayern.de/deutsch/schloss/objekte/kelheim.htm

Leo von Klenze hat dann im Jahre 1863 den Bau nach *geänderten Plänen* zu Ende gebracht. Staunen wir, wie vollendet die Baumeister das Spiel mit *Magie und Zahlensymbolik* umgesetzt haben.

Der Rundtempel, der schon beim ersten Anblick das Unterbewusste packt, steht auf einem drei-stufigen Sockel mit sieben Metern Höhe. An der Ostseite führt eine Freitreppe mit 84 Stufen aufwärts; in jeder Hinsicht geht es „nach oben".

Magier wissen um die Zahl 18, also dreimal die 6. Steht doch „666" in der Johannesoffenbarung als die Zahl des Tieres, der Macht des Fürsten der Welt. Macht – es sei denn die Macht der Liebe und des Heilens –, Macht: etwas sehr Weltliches.

18 Ecken hat die Sockelplattform, der gesamte Bau ist – ein Achtzehneck!

Symbole (auch Zahlensymbole!) wirken, auch dann, wenn man um die Kraft von Symbolen nichts weiß. Die Zahl 18 ist dem Bau als „symbolischer Hinweis", so der amtliche Führer, zugrunde gelegt. Der Grundriss ein Achtzehneck, damit zusammenhängend im Äußeren 18 Strebepfeiler, 18 Statuen der Volksstämme, 54 Säulen im äußeren Säulenumgang und darüber 54 Balusterpfeiler. Nebenbei: 54 = 6 mal 9 …

Im Inneren 18 Nischen mit 18 Wandpfeilern, zweimal 36 Säulen im oberen Säulenumgang, Inschrift-Tafeln für 18 Feldherren und für 18 zurückeroberte Festungen, 36 Felder im Gesamtsims, 252 (= 42 mal 6) vertiefte Kassetten in der Kuppel.

Für Feinschmecker von Zahlen, Symbolen und verdeckten historischen „Hintergründen“: Die Zahl 18 versinnbildlicht auch das Datum der Völkerschlacht bei Leipzig, den 18.10.1813, an dem die Truppen Napoleons von der Koalition vernichtend geschlagen wurden. Quersumme des Datums: 23 …

Die feierliche Eröffnung fand am 18. (!) Oktober 1863 (1863: Quersumme 18) statt, dem 50. Jahrestag der Völkerschlacht.

Die Kuppel schwingt, und in ihr schwingen und vibrieren Gedankenmuster und alle Arten von Wellen; die monumentale Halbkugel wirkt wie ein gewaltiger Parabolspiegel, der Geräusche und geheime Seelenregungen transformiert.

Magie und Schwingung.

Alles schwingt, Geometrie schafft Klänge, und Klänge schaffen Geometrie. Innen in der gewaltigen Kuppelhalle öffnet sich die Mauerschale über dem mehrfach gegliederten Sockel, wiederum in 18 Nischen.

Selbst leiseste Töne erhalten ein gewaltiges Sounding Board, werden vielfach verstärkt.

Oft als König-Ludwig des I. Griechenwahn-Kitsch verschrien, ist dieser Tempel der Gedankenmacht nahezu gefährlich für den, der nicht vorbereitet oder gar gewarnt ist.

Die Besucher ahnen nicht einmal, worauf sie sich da einlassen. Siehe weiter vorne: Sie haben nur den vorgeprägten Sightseeing-Blind-Blick.

Weiterführend zum Thema Völkerschlacht, geheime Symbolik:
Völkerschlachtdenkmal - der größteTempel der Freimaurer – YouTube
Das Leipziger Völkerschlachtdenkmal und die Freimaurer MDR DE.
Sie werden staunen!

ALTMÜHLTAL, RIEDENBURG

Magisches Dreieck. Alte Wasser und Überflug.

Ein faszinierendes magisches Dreieck: Abensberg – Regensburg – Riedenburg.

Schauen Sie auf die Karte. Zufall? Gibt es nicht. Und genau in der Mitte des Dreiecks: Kelheim.

Wenn Sie Riedenburg besuchen, lohnt es sich immer, die magischen Kraftorte in unmittelbarer Nähe aufzusuchen. Vielleicht schon bei der Anfahrt – *Ingolstadt*?

Denn von hier aus trat dereinst der mächtige Illuminatenorden seinen Siegeszug an, nicht nur über Bayern hinweg, sondern über die Welt. Verschwörungstheoretiker bestehen darauf, dass der Gründer des Ordens, Adam Weishaupt, mit George Washington identisch sei. Tatsächlich gibt es in Ingolstadt einen Illuminaten-Saal. Ende des 18. Jahrhunderts hatte der in einem Jesuitenkloster erzogene Weishaupt den okkulten Orden gegründet, die Einweihungsstufen sind heute noch auf jeden Dollarschein lesbar. Wenn man sich denn mit Symbolen auskennt.

Und dann Frankenstein! Aus dem Illuminatenorden ging auch die prophetisch begabte Schriftstellerin Mary Shelley hervor, die leider unsere dunkle Gegenwart – damalige beängstigende Zukunft – des Klonens und des satanischen Versuches der Menschen, sich als Schöpfer-Gott aufzuspielen, literarisch vorwegnahm. Anregung für die blitzgescheite Frau war die weltberühmte Anatomie Ingolstadts.

Genial lustiger Ableger des ernsten Grusel-Themas: The Rocky Horror Picture Show mit dem Transvestiten *Dr. Frank. N. Furter*, einer Verballhornung des wahnsinnigen Arztes Viktor Frankenstein im Roman. Wer mehr will: The Rocky Horror Picture Show (1975) trailer.

Vielleicht beginnen Sie mit der Burg Prunn. Germanisten, Mediävisten und Liebhaber unserer sagenhaft-archaischen, nicht so weinerlichen Vorfahren, bekommen da gleich ein wissendes Leuchten in den Augen. Denn hier tauchte ein gewaltiger geistiger Schatz auf, man fand auf dieses Burg …

„… den so genannten „Prunner Codex“, die viertälteste vollständige Handschrift des Nibelungenliedes – des berühmtesten mittelhochdeutschen Heldenepos. Die Handschrift gelangte 1575 nach München in die herzogliche Bibliothek und befindet sich heute in der Bayerischen Staatsbibliothek (Cgm 31).

http://www.burg-prunn.de/deutsch/burg/index.htm

Weltenburg, Kelheim, Altmühltal, – das *Schulerloch* … Vielleicht haben Sie noch das Hebende der Befreiungshalle hoch über der Donau, den stolzen Überblick im Herzen: Das Schulerloch etwa drei Kilometer Richtung Essing von den Stadtgrenzen Kelheims entfernt, das „erdet“ Sie garantiert. Einst hatte diese Höhle als Wohnstätte der Neandertaler gedient und eiszeitlichen Tieren Unterschlupf gewährt. Bei konstanter Raumtemperatur von 9 Grad kommen dem Besucher da ganz andere Gedanken, als hoch oben unter freiem Himmel oder neben der fließenden immer inspirierenden Energie unserer klugen Donau.

Selten wird so klar: der ORT generiert ortsgebundene Gedanken. Sie gehen nicht nur in Mutter Erde zurück, sondern begegnen auch dem eigenen Ich. Das kann erschrecken.

Näheres unter:

https://www.naturpark-altmuehltal.de/sehenswertes/tropfsteinhoehle_schulerloch-1608/

Riedenburg

„Der schöne Luftkurort im Naturpark Altmühltal wird nicht umsonst als „Perle des Altmühltals" bezeichnet…", so und ähnlich werben die *Prospekte und web-Seiten.*

Nach der Schulerloch-Erdung ist freier Gedankenflug erlaubt. Es lockt das „Dreiburgenstädtchen" von Tachenstein, Rabenstein, Rosenburg.

Schloss Rosenburg: Dieser *bildpoetische Name* bedeutet eine Burganlage oberhalb von Riedenburg.

Übrigens geht die Rosenburg auf das 12. Jahrhundert zurück. Also die Zeit der Kreuzzüge, Zeit eines bis heute schwelenden „Religions“-Macht-Konfliktes und historisches Umfeld für den Aufstieg der bis heute wirkmächtigen Templer.

Schon der Anblick verrät Magie und Macht. Hochherrlich liegt die Burg, Geschlossenheit der Maueranlagen und Offenheit des Freiflugareals vereinend. Die hehre Feste lockt schon von weitem sichtbar, beständig von majestätischen Jagd- und Greifvögeln umkreist.

Die Burganlage Rosenburg bietet für die stolzen Vögel eine perfekte Kulisse.

Ein Zeitentunnel.

Die stets neu inszenierte Flug-Spirale der willensstarken Falken trägt Sie hoch empor, nimmt Sie mit.

Und Sie verlassen diesen magischen Ort anders, als Sie ihn aufgesucht haben.

ABENSBERG UND HUNDERTWASSER

„Entdecken Sie, wie bayerische Bierkultur und Kunst zueinanderfinden."

Schon von weitem her leuchtet die goldene Rundung im gleißenden Sonnenlicht. Eine platt gedrückte Kugel, die das Licht ebenso einfängt wie die Aufmerksamkeit. Und Energie folgt immer der Aufmerksamkeit.

Haben Sie etwas gegen „gerade Linien"? So wie das optische Querdenker-Genie Friedensreich Hundertwasser? Dann sind Sie hier genau richtig.

Friedensreich Hundertwasser: vollständig: *Friedensreich Regentag Dunkelbunt Hundertwasser*: Er lebte von 1928 bis zum Jahr 2000 und war ein österreichischer Allround-Künstler. Allround wörtlich, alles musste rund sein.

Sie sind also der lockenden Kugel auf dem Turm gefolgt und in Abensberg gelandet.

„… Der ursprüngliche im Jahre 1999 von Hundertwasser für Leonhard Salleck erdachte Entwurf für einen 70 Meter hohen Turm, konnte in dieser Form nicht realisiert werden. Er diente nach Hundertwassers Tod als Inspiration für seinen langjährigen Freund und Mitarbeiter Peter Pelikan (…) Angenehme runde Formen, tanzende Fenster, unebene Böden und organische Linien, Zwiebeltürme und Baummieter – das sind die typischen Elemente …“

http://www.kuchlbauer.de/bier-kunst/kuchlbauer-turm/

Doch kaum in der sehr geerdeten Stadt, empfängt Sie ein Teil der ehemaligen Stadtmauer, errichtet in der 2. Hälfte des 13. Jahrhunderts, direkt gegenüber eines langen hölzernen Steges entlang der erddunklen Abens, die hier recht gemütlich dahinfließt. An der Ecke Gerzergasse/Baderstraße stellen Sie den Wagen ab und staunen. Mauern, Türme, ein bergender Innenhof mit Ziehbrunnen. Also lebensgebendes Grundwasser, ist doch der Fluss Abens ganz nahe. Und die Energie des Ortes packt Sie, nimmt Sie mit!

Rechtsdrehende Lebensenergie, Ruhe, Macht und Geborgenheit, das bietet der Platz.

In Nähe des Ziehbrunnens an alter Wand eine schwer leserliche alte Inschrift, die so endet:

„Wohl dem, der hier bei seiner Zeit,
des Lebens sich als Weiser freut.“

Zufall? Der Hinweis auf das HIER. Also der Ort, auf dem Sie stehen, ist wichtig. Und die richtige Zeit.

Sie erzählt im Jetzt vom Immer, die Zeit, denn Orte wie diese können Zeit festhalten.

Der Maderturm mit dem spitzen Runddach und den rötlichen Dachpfannen stellt den südwestlichen Turm der Ringmauer dar und er ist – zurecht – würdiges Wahrzeichen der Stadt. Eine Tafel informiert: Die schützende Mauer hatte dereinst drei Tore, dazu 32 runde und acht eckige Türme. Und das zur Erinnerung an 32 (!) Söhne und acht Töchter des Grafen Bobo …

Am besten spüren Sie die Energie des Ortes auf dem hölzernen Steg gegenüber des malerischen Mauerensembles. Eine bergende Statik des Seins, rechtsdrehende, ruhige Ortskräfte vereinen sich harmonisch mit der beruhigenden Kraft des unaufgeregten Flusses.

JETZT ABER DER PHANTASIE-TURM!

Die alte Stadtmauer bildet einen funktionalen Gegenpol zu der humorvoll-verspielt und von Farben und Formen bewegten Zauberwelt des Friedensreich Regentag Kunterbunt …

Also hin!

Die hier dem Fluss folgende Abensstraße weiter, rechts nach oben, letztlich immer den „anderen“ nach. Wenn schwere Touristik-Busse ihnen entgegenkommen, dann sind Sie bald da.

Diese um eine altehrwürdige Brauerei gruppierte Hundertwasser-Erlebniswelt mit Turm und Erdhügelhaus, Biergarten, magischen Kellern und Spindeltreppen-Höhenerlebnissen, dazu alles in dieser bizarr-schieflagigen, Rundungen suchenden Welt des versponnenen Künstlers, das ist durchaus ein Erlebnis.

Und ein Hinweis, wie Kunst und Umbauung besondere *Orte* generieren können. Die Magie des letztlich neutralen Areals um den Biergarten mischt sich mit überraschend gutem und recht preiswertem Essen.

Das Kunstraum-Haus oder Erdhügelhaus nimmt einen energetisch schon mehr gefangen, der goldene Baum im Hallenbereich schafft eine künstlich-kunstvolle Antenne zum Geäst lebendiger Spinnereien … die im Kopf des aufnahmebereiten Individuums zu wuchern beginnen. Eine umgestaltete ehemalige Stadtvilla ist der „Kern", das bearbeitete Gebäude scheint, aus einiger Entfernung, gar ein „Gesicht" zu haben.

Ich hatte den Eindruck, dass das Gold des Baumes mit dem Gold der Turmspitze energetisch korrespondieren.

Interessant: so eine geniale Vermarktung, die Eintritts-Preise, Andenken, Hinweise auf Bier, dazu die Menschenströme und an Kassen anstehenden Schlangen verärgern den Ort, so dass er sich an vielen Stellen verschließt. Gehobenes Disneyland eben – auf bayerisch.

Vielleicht gehen Sie dann nochmal zur Stadtmauer an der klugen und stillen Abens. Ein Magischer Kraftort ohne Kommerz und Besuchermassen, der hat eine völlig andere Wirkung.

ROHR, KLOSTERKIRCHE MARIA HIMMEL-FAHRT

Wenn alles nach oben will, zum Himmel hin – und wenn auch der Besucher mitgerissen wird:

Sie stehen gebannt im Inneren und werfen einen Blick auf das hochherrliche *„Theatrum Sacrum“*, ein heiligendes Weltentheater: Festgefrorene Bewegung in kraftvoll barocker Urdynamik:

Zu sehen und zu erleben: Die *„Himmelfahrt Mariens“* (eine religiöse Botschaft? Oder ist's eine Wahrheit gar?). Hier als kühne Theater-Inszenierung.

Maria im Aufwind.

Mit theatralischer Geste, die rechte Hand mit gespreizten Fingern dem Himmel entgegen, von breitflügeligen Engeln getragen ... Die Gottesmutter schwebt, sie steigt ... aus dem Grab, wundersame Kraft trägt die Begnadete empor in das OBEN, den Himmel.

Unten bleibt das offene Grab. Die Jünger in ekstatischen Stummfilm-Posen, die dem jeweiligen Charakter entsprechende Reaktion aufs Gottesgeschehen spielend. Zwischen Staunen, Entsetzen, Zweifeln und Bangen.

Und die typisch barocke Zäsur von OBEN und Unten. Barock? – Eins schon vorneweg. Wenn sie in Rohr sind, *dann begreifen sie Bayern!*

Der Ausspruch *„... mach nicht so ein Theater!“*, der muss nämlich in Bayerns Landen entstanden sein. Denn *Inszenierung ist alles*. Das beginnt schon bei Mutter Natur, die das Alpenpanorama „inszeniert“, und je nach Stimmung und Laune und Föhn genial beleuchtet. Und das endet nicht an der Donauschleife und den dramaturgisch genialen Felsen von Weltenburg.

Alles Kulisse. Und noch dazu echt.

„… In kaum einer anderen Kirche wird die Innenausstattung so vom Hochaltar bestimmt wie in Rohr. Er ist hier nicht einfach notwendiges Ausstattungsstück, sondern Zentrum, Keimzelle nicht nur der gesamten Innenausstattung, sondern bereits der Architektur des Raumes… das entwickelt Egid Quirin Asam hier zu einer mächtigen, aus der Raumarchitektur erwachsenden, die ganze Chorapsis füllenden tiefräumigen Schaubühne …“

https://www.kloster-rohr.de/pfarrei/asamkirche.html

Der spektakuläre Hochaltar wurde 1723 von Cosmas Damian Asam entworfen und von Egid Quirin Asam ausgeführt: Durch eine geschickte, den Blicken entzogene Armierung, nämlich eine stabile Halterung an der Rückseite der dem Grab entschwebenden Maria, erscheint diese tatsächlich schwerelos. Und dieses visuelle Erleben der Schwerelosigkeit überträgt sich sofort auf den Betrachter. Gesetz der Entsprechung.

Sie fühlen sich gehoben? Sie sind es.

Architektur, Ikonografie und die Hingabe des Besuchers spielen hier zusammen ein magisches Konzert der Sinne und bewirken diese Freude und Euphorie. „Gehobenheit", innere Zuversicht; das ist es, was Rohr Ihnen schenkt.

Denn die Kirche Maria Himmelfahrt steht, wissend gewählt, auf einer bedeutenden Kraftlinie. Hier ist auch ein tellurischer Trichter aktiv, der die Sinne und das Wollen der Ankommenden hochreißt. Ein spiritueller Tornado eben, ein Drehwind unsichtbarer Energien. Wo? Immer wenn Sie die schwebende, auffahrende Madonna betrachten, dann stehen sie im „Auge" des unsichtbaren, aber spürbaren Geisteswindes.

Bereits Mitte des 19. Jahrhunderts wurde, einem alten Buche aus Prag folgend, die energetische Zirkulation der Erdoberfläche mit der Atmosphäre erkannt. Mit diesem bis heute verborgenen Wissen konnte man Wetter- und Geschichtsphänomene erklärend beschreiben …

(Sinngemäß aus einer sehr alten, geheimen Niederschrift)

Rohr steht zudem im magischen Dreieck Weltenburg/Pürkwang/Rohr. Und ein Besuch der beiden anderen Kraftorte macht den Erlebnistag vollkommen.

Übrigens hat bereits Papst Innozenz II. Rohr unter päpstlichen Schutz genommen und Kaiser Friedrich I. im Jahre 1158 dem heilbringenden Ensemble kaiserlichen Schutz angetragen.

1158? Das Gründungsjahr Münchens. Und Friedrich I. ist kein Geringerer als der legendäre Friedrich Barbarossa, der auf dem dritten Kreuzzug im Jahre 1190 so tragisch den Tod im Flusse Saleph fand.

Als Kaiser Rotbart lobesam
Zum heil'gen Land gezogen kam,
Da mußt er mit dem frommen Heer
Durch ein Gebirge wüst und leer.
(…)

Da faßt er erst sein Schwert mit Macht,
Er schwingt es auf des Reiters Kopf,
Haut durch bis auf den Sattelknopf,
(...)
Zur Rechten sieht man wie zur Linken,
Einen halben Türken heruntersinken.
(Ludwig Uhland, 1787–1862)

Sie schmunzeln? Null politische Korrektness in der deutschen Spätromantik. Aber das nur nebenbei.

Uns fällt auf, dass so viele Magische Kraftorte irgendwie mit den Kreuzzügen in Verbindung stehen, damit mit Templern, Komtureien, Geheimbünden, mit Jahrhunderte umspannenden Intrigen und Machtspielen, die – leider – bis heute reichen.

In der mittleren Seitenkapelle von Maria Himmelfahrt finden Sie einen romanischen Taufbrunnen. Halten Sie beide Handflächen über den innen eisenbeschlagenen Taufkessel. Ein Brennen, Ziehen, Kribbeln (Gralserlebnis gar?) ist die Folge.

Bei den Verzierungen am Beckenrand finden Sie die *„Heilige Geometrie“*, die geometrische Kraftquelle so vieler Sigillen und Zeichen: Aus den Schnitt- und Überschneidungs-Flächen von Kreisen ergibt sich die *„Blume des Lebens“*. Die wiederum gebiert Dreipass, Hexagramm, Stern-Tetraeder, ... vor allem: Den Goldenen Schnitt.

Und außen staunen Sie, wie schon beim Ankommen, über den gedrungenen, extrem erdgebundenen Turm. Der hat sogar nichts von einer Himmelsnadel. Hier Erdung, innen Himmelflug. Wieder der Goldene Schnitt.

ERGOLDSBACH

Wall, Masse, Stillstand und Bewegung Zeit, Schwerkraft, Ewigkeit

Zeit, Masse, Bewegungsenergie und dazu das so genannte Geistige …

Diese und ähnliche Zeit-übergreifende Gedanken stellen sich ein in der näheren und weiteren Umgebung von *Ergoldsbach*.

Kraftplatz-Areale wie Rottenburg an der Laaber, Rohr mit der „schwerelosen" Madonna; Mallersdorf, ist es die Schwere, die „Masse" der Landschaft, die das besondere, beruhigende und heilende Flair verleiht?

Masse und Geschwindigkeit – ach ja, wenn dann der Faktor ZEIT dazukommt. Einstein lässt grüßen.

Vom Zentrum Ergoldsbachs aus sind Sie schnell auf dem *Kapellenberg*.

Blicken Sie von hier auf den Ort, auf die gesamte Welt.

Wie immer ist es das Oben-sein, der Überblick. Nicht nur über die Landschaft Niederbayerns: Ebenso über Ihr Leben und Ihre Pläne.

Sie finden hier oben die immer noch gut erhaltenen Doppelwälle einer alten Schanze, nach offizieller Benennung einer frühmittelalterlichen Wallfestung.

Doch spürt der Kundige sofort die Kraft der Ahnen, das raunende Flüstern unbeirrbar vitaler vorchristlicher Streiter. Wer sich an solcher Stelle seiner Wurzeln erinnert und dann verwundert über die Gegenwart denkt:

„ja wo samma denn hikemma …",
nicht wundern. Das macht der Ort.

Orte sind so herrlich konservativ. Unbeweglich halt. Man sagt nicht umsonst „Immobilie" zu einem „Grund". Wurzeln und Tradition hat hier alles. Die erste urkundliche Erwähnung von Ergoldsbach geht auf das frühmittelalterliche Jahr 822 zurück.

Überlegung heroben auf dem Kapellenberg: Was macht den magischen Ort so zeitbezogen, macht ihn zeitlos und zeitübergreifend? Es muss eine Mischung sein aus Zeit, Masse (schwere Erde,

Gestein, Fels), Bewegungsenergie und diesem seltsamen, nie zu benennenden „Geistigen".

Sagen Sie *zum „Geistigen"* zum über-geordneten Ordnungsprinzip ruhig Gott! In Niederbayern sind die Berührungsängste geringer – GOTT sei Dank.

Es ist immer der Ort, der den Geist der Zeit bedingt. Wenn eine große Menschen- gar Volksmenge denselben Vordenkern oder Ideologen nachläuft, dann spricht man von einer Masse. Menschenmasse. Masse als zielgerichtete Horde Lebender, – mit einem außerhalb der Masse liegenden Geist (oder Ungeist).

Wohl kein Zufall, das Wort „Masse"...?

Einheits- und Massengeist hat Schwerkraft, im Guten und im Schlechten.

Und der Geist liegt außerhalb der Materie, schon überlegt? Das, was Sie denken, liegt zumeist außerhalb von dem, was Sie für Ihr Denken, Meinen und Wollen halten.

ROTTENBURG AN DER LAABER:

energetischer Funkturm auf altem Kulthügel

Abensberg – Rohr – Rottenburg an der Laaber. Eine Energie-Linie, die bis Landshut reicht. Nicht vollkommen gerade, aber seit dem Hundertwasser-Erlebnis in Abensberg wissen wir:

Nichts auf der Welt ist gerade. Nicht einmal der Strahl des Lichtes – oder, seit Einsteins *„e = m durch c im Quadrat"* – Theorie, sogar der Krümmungs-anfällige Strahl der Zeit.

Die Geschichte prägt den Ort. Oder der Ort mit all seinen Vorkommnissen die Geschichte? Denn schon um Christi Geburt haben hier die Römer eine befestigte Wachanlage auf dem Hofberg gebaut. Diese durchdacht strategische Befestigung sollte die Römerstraße nach Regensburg schützen.

Kraftortkenner wissen: Römerstraßen folgen immer Energie-Linien (Drachenpfaden). Dann folgte eine Burg der Herrscher von Ebersberg, später derer von Sempt. Um 1100, Beginn des Hohen Mittelalters, wieder ein Ausbau der Burg, das übliche Auf und Ab der Geschlechter …

Von Weltenburg und Kelheim her kommend, wollte ich Rohr erreichen, doch selbst das Straßenhinweis-Schild *„Rottenburg an der Laaber“* hatte bereits etwas Lockendes.

Die katholische Pfarrkirche St. Georg ist nicht zu übersehen, liegt sie doch, mit einer auffallend spitzen Himmelsnadel, auf einem deutlich erkennbar alten Kulthügel. Historismus des 19. Jahrhunderts: 1868 und 1869 im neugotischen Stil als dreischiffige Pseudobasilika erbaut, thront das Gotteshaus auf stolzer Anhöhe oberhalb des Stadtkerns. Die nordisch kühl anmutende Backstein-Bauweise verstärkt den Eindruck von Würde, Energie – und Macht.

Wie anders ist diese spitz zulaufende Himmelsnadel im Vergleich zum gedrungenen Turm von Rohr. Solche Türme sind Sender, (vergleichen Sie mit den schlanken Doppeltürmen von Vilshofen, siehe da). So wie Obelisken in großen Städten leiten und transformieren Kirchturm-Obelisken Energie und Gedankenkraft! Erdenergie wird nach oben geholt, gleichzeitig Himmelsenergie nach unten gezogen, im Wortsinne geerdet.

Eingeweihte sprechen von *Torsionsfeld-Generatoren*. Das sind „Akupunkturnadeln“ auf den Gitterfeldlinien der Erde.

„Vor kurzem haben die Torsionsfelder, aus dem Kosmos und aus der Erde, eine professionelle medizinische Anwendung gefunden. Ähnlich wie das Gravitationsfeld hat auch das Torsionsfeld einen großen Einfluss auf alle Lebenswesen, die sich auf unserem Planet befinden ...“ *http://torst.pl/strona-gowna/34.html*

Wenn Sie auf dem Kulthügel stehen und die Ostseite des Tempels aufsuchen, die Seite der Apsis, der Wandlung im Altarraum also, dann werden Ihnen seltsam neue und fremde Gedanken-Spiralen zugänglich. Torsionsfelder, unsichtbare Dreh-Kräfte mit enormen Auswirkungen, auch im materiellen Sinne.

Umrunden Sie das backsteinerne Gotteshaus, betreten Sie den Innenraum. Spüren Sie das „Ziehen“ im Mittelgang nach vorne, zur Apsis hin? Zu beiden Seiten an den Jochen ein Reigen der Heiligen. Welche?

Maria, Katharina, Barbara werden Sie finden. Eine weibliche Dreiheit, allerdings mit Maria statt Margarethe.

Und der Name: *St. Georg*.

Der Drachenstecher. Sehende wissen: Wenn im katholischen Bereich *Georg* oder *Michael* auftauchen (Drachen-Besieger), dann handelt es sich immer um einen magischen Ort auf ausgewiesener Drachen (=Erdkraft)-Linie!

„Vilsbiburg“

Wallfahrtskirche Maria Hilf genau auf der Drachenlinie

Wenn Sie den erhabenen Bau mit den Doppeltürmen hoch oben auf dem Kulthügel zum ersten Mal erblicken:

Zwei Himmelsnadeln, Sender- und Empfängeranlagen für himmlische Sphären. Diese *Zeigefinger des Herrn* dominieren die gesamte Umgegend und locken:

Komm!

Fasziniertes Erschrocken-Sein bleibt nicht aus und gräbt sich ein als bleibende Erinnerung.

Dann stehen Sie auf dem Parkplatz und blicken gebannt auf die Tempel-Anlage. Alles weist nach oben. Nicht nur das: Alles ist oben.

Die spitzen Doppeltürme, rot, mit schwarzen Spitzdächern, das nach oben weisende Dachdreieck des weißen Hauptbaues dazwischen mit der alles dominierenden Schutzmantelmadonna. Treppenaufgänge links und rechts des erhabenen und heilenden Bauwerkes, sie versprechen ebenfalls: Hier geht's aufwärts. Nicht umsonst wird der neuromanische Bau auch *Bergkirche* genannt.

Die gesamte harmonische Bau-Komposition ist in den *drei Farben der Bethen* gehalten: Schwarz, Weiß, Rot. Ist es Ihnen aufgefallen?

Schreiten Sie die dunkelsteinernen Treppen hoch. Spüren Sie? Sorgen fallen augenblicklich ab. Das merkt der Besucher zumeist erst später, bei der Erinnerung. Denn hier, beim Hochschreiten, werden Ihre Gedanken – wer weiß warum? – rundum positiv. Dann schieben Sie die schwere Tortür auf.

Innen: Alles zieht nach vorne.

Zunächst überwinden Sie, wie bei so vielen Kirchen, die abladende, extrem erdende Stelle. Links vom Eingang das Fegefeuer-Halbrelief. Hier zieht alles „nach unten". Auch die Gedanken sacken ab, beim Anblick des strafenden Brennens. Letztlich eine Manipulation der Psyche, Schwarze Magie und keiner merkt's. Aber keine Angst. In der Hölle sind Sie noch lange nicht.

Nach vorne, auf Maria zu!

Sie stehen und gehen in einer dreischiffigen Basilika. Das siebenjochige Langhaus, Mittel- und Seitenschiff mit Kreuzrat-Gewölben verstärken diesen seltsamen energetischen „Zug" nach vorne, zum Altar, hin zur *„Maria vom guten Rat.*" Lesen Sie über deren gewaltige Heil- und Überlebenskraft nach: „WER DAHIN GEHT, DER WIRD ÜBERLEBEN". MAGISCHES GNADENBILD IN WÖRTH AN DER ISAR."

Nehmen Sie „Maria" an, wie sie ist. Wie es ist. Rationalisieren Sie nicht mit selbstverliebter rechthaberischer „Logik" über den Heiligen Geist, über den stillen Josef und all die anderen Umstände des Wunders.

Maria sagt JA zum Leben! - Genügt das nicht?

Lassen Sie sich fallen in ein erfahrbares Geheimnis *des Lebens selbst.*

Ortsansässige Gläubige sprachen mich sofort an auf die Grabstätte des wunderheilenden (heilenden, nicht heiligen) Paters Victri-

cius Weiss. Der Sohn eines Arztes und spätere Kapuzinermönch ging am 8. Oktober 1924 hinüber in die andere Welt, hört aber nicht auf zu helfen und zu heilen. Sie spüren die enorme Heilkraft, und Sie beginnen zu glauben, dass Wunder möglich sind. Der Ort heilt. Wenn Sie vor der Grabplatte im rechten vorderen Kirchenschiff stehen.

Versuchen Sie, hier Schlechtes zu denken: Es geht nicht.

Derart positiv aufgeladen, finden Sie die Altstadt, das malerische Ufer der Vils gleich neben der Brücke. Steintreppen, Bänke, Seelenfrieden am stehenden erdigen Wasser. Wunderkraft der Entschleunigung.

Man fühlt sich zentriert und geborgen und so angenehm daheim.

Wenn Sie ab hier den langgezogenen Stadtplatz suchen, sind Sie genau in der Blickachse hin zu dem Kultbau der soeben besuchten Wallfahrtskirche. Sichtbar und lockend auch von hier, waltet deren magische Anziehungskraft.

Denn! Sie stehen dann exakt auf der Drachenlinie. Lebens-spendende Erdkraft strömt in den hinein, der hier bereit ist. Lassen Sie es zu.

GEISTER, MACHT UND NARREN HOCH ÜBER DER STADT LANDSHUT

Die Trausnitz

Der magische Ort: Eine Immobilie, natürlich unverkäuflich.
Der Ort ist unverrückbar, der Ort ist und bleibt materiell und auch geistig von einer wohltuenden Mode- und Ideologie-unabhängigen *Nicht-Mobilität*.

Vielleicht ist es das, was Burgen so anziehend macht. Sie sind nicht vorläufig, sie sind. Alt aber trotzig. Hochherrlich. Auf zur Trausnitz.

Als Einstimmung sollten Sie erst durch die wundersam historisch-malerische Altstadt bummeln. Sie lockt mit traumverloren schönen Fassaden historischer Häuser, mit Winkeln, auch mit dunklen Gassen und malerischen Irrwegen. Gotik und Renaissance wechseln sich harmonisch ab, die Nominierung zum Weltkulturerbe scheint logisch. Der gotische Turm der Martinskirche – mit 130 Metern der höchste (!) aus Backstei-

nen errichtete Kirchturm der Welt, wirkt wie eine energetische Hochleistungs-Sende-Anlage.

Als ob Blicke und Aufmerksamkeit von Magneten gezogen würden, man schaut immer wieder *hoch*.

Auf hohem Berg steht sie, die Feste. Und dort ist nicht nur oben, *da* ist die Macht. Von weithin sichtbar. Auch das ist Macht und Signal von Unverrückbarkeit.

Bald mischen sich beim Anblick der hohen Mauern Erstaunen, Ehrfurcht, Faszination … und für den Fühlenden auch der Schatten des Unheimlichen, des schicksalhaft Dräuenden:

„Die Burg Trausnitz wurde als eine Stammburg des Herrschergeschlechts der Wittelsbacher im Jahr 1204 durch Herzog Ludwig I. von Bayern, genannt der Kelheimer, gegründet. Im späten Mittelalter, als Bayern in einzelne Teilherzogtümer geschieden war, war Landshut von 1255 bis 1503 Mittelpunkt des Teilherzogtums Niederbayern. Die Burg genoss als Residenz und Regierungssitz der niederbayerischen Herzöge herausragende Bedeutung …“

http://www.landshut.de/portal/kultur/sehenswuerdigkeiten/burg-trausnitz.html

Hier „heroben“ wurden und werden die Fäden des Schicksals gesponnen, oft zu tödlich festen Tauen und Netzen, denen keiner zu entkommen vermag.

Es ist heute noch spürbar und nachvollziehbar, dass dieses Fürstenhochzeitliche Landshut einmal „die Hauptstadt“ bedeutete. Denn die Dynastie der niederbayerischen Herzöge war neben dem Burgunder Königshaus die reichste Europas!

Vielfältige Raumsummanden der Mauerformationen prägen eine imposante Prachtburg, und deren hoher Wittelsbacher Turm fällt sofort und machtvoll ins Auge. Bei der Besichtigung ist die Burgkapelle mit ihren Kunstschätzen ein Muss.

Sämtliche Wände der aufwändigen Treppe sind ein Auftragswerk von Prinz Wilhelm, dem späteren Herzog von Bayern, der vor seinem Amtsantritt von 1568 bis 1579 in der Burg gelebt hat. Vielleicht kennen sie ihn mit dem Beinamen „Der Fromme".

Die Motive gaben der Narren-Treppe den Namen: Handelt es sich doch um Szenen aus der berühmten italienischen Commedia del arte. So kommen stets dieselben Personen vor, (im Stegreifspiel der Commedia, die ja auch nur die ewige Narretei der Menschheit spiegelt) und ebenso auf der Treppe. Etwa Pantalone und dessen Diener Zanni.

Die Jahrhunderte lange Umtriebigkeit des Geister-Narren hat in Georg dem Reichen seinen Grund, der sich durch ein ausschweifendes, bösartiges und Frauen verachtendes Leben die Hölle auf Erden (nur da?) selbst eingebrockt haben muss. Frauen hinter dicken Mauern einsperren, Trunksucht, Mätressen, auch sonst alle unmäßigen Begierden.

Fühlen Sie die gefährliche Magie der Macht in und um die Burg. Aber lassen Sie sich nicht darauf ein.

„WER DAHIN GEHT, DER WIRD ÜBERLEBEN“

Magisches Gnadenbild in Wörth an der Isar

Etwa zwischen Landshut und Dingolfing findet sich der Ort Wörth. Die kleine Pfarrkirche ist nicht zu übersehen. Doch hier wartet ein Gnadenbild *„Maria vom Heiligen Rat“*, das eine solch enorme Heilkraft, Überlebenskraft, positive Energie abstrahlt, dass der gesamte Ort profitiert!

In St. Ottilien, nördlich des Ammersees gelegen, wirkte der legendäre und bis heute wunderwirksame Pater Frumentius Renner. Aus seinem Nachlass entstand das Buch über Engel und Dämonen: *„Wahre Wunder“*. Und der wissende Mann betonte immer:

„Wörth an der Isar! Wer vor dem Gnadenbild steht, „… der wird überleben …!“

Überleben – was?

Nun, all dies geschah vor dem Jahre 2000. Wie sehr sich die Welt verändert hat, zeigt jeder Blick in die gesteuerte Angstwelt der Medien. Vielleicht überlebt der, der den Medien nicht traut ...?

Der sinnige Leser kann und wird sich denken, was der Begriff „Überleben" meint.

Gehen Sie in die kleine Kirche, Sie finden das Bildnis schnell in einer Altarnische des rechten Seitenaltars.

Eine liebende, sehr weibliche Gottesmutter, ein Kind, das seine Mutter zärtlich „begreift" mit zarter Kinderhand: Denn das Kind Jesus begreift die innere Trauer der Mutter, die in eine dunkle Zukunft schauen kann.

Das magische Bild wird Sie, den Betrachter, geradezu aufsaugen. Sie sehen ebenfalls, was „kommt". Und Sie tun für Ihr Leben ab jetzt das Richtige.

Auch die Geschichte des Bildes ist magisch. Der viel geplagte Pfarrer von Wörth radelte an einem drückend heißen August-Tag in dem Kriegsende nahen Jahre 1944 über die Isarbrücke bei Niederaichbach. Da fiel ihm ein hölzerner Nepomuk auf, der die Frontseite eines alten, hölzernen Bauernhauses schmückte.

Der Pfarrer spricht seinen Gedanken aus,

„*… mit dem Bauern hier sollte man reden …* “; sein Begleiter erzählt's dem alten Biberger Bauern: Der lädt alsbald den Pfarrer ein, die Rumpelkammer zu durchforsten:

Und da ist das Bild, vor dem Sie in der Kirche staunen.

Alles von himmlischem Sphärenbogen gekrönt, das Bild findet sich in einem fiktiven, gemalten Rahmen:

Maria, das Kind, rechts eine hoch lodernde Feuersäule und die Gestirne. Luft, Äther und die Sonne. Links oben Licht, rechts unten Finsternis. Kosmisches Weltentheater, Schöpfung und Zerstörung zugleich, Genesis, Urknall und auch Kernspaltung – dazwischen die Hoffnung, Jesus und Maria, hineingehängt von unbekannter Hand in das Wiederholungs- und grandiose Sich-selbst-Wieder-Erschaffungs-Spiel, Spiel, das wir Ewigkeit nennen.

Gehen Sie das kurze Stück hinab zum Isar-Fluss. *Fluss*, alles fließt. Behalten Sie das Geschaute im Kopf.

Vielleicht spricht das Bild:

Die Ewigkeit ist ein (magischer?) Ort auf der Schiene der Zeit.

SAMMAREI IM LANDKREIS PASSAU

Loblied der Erde und des Weiblichen. Der Drache schimpft und Georg zielt daneben.

Inmitten eines Gebietes mit weit geschwungenen sanften Hügeln, durch deren Anblick die Phantasie des Pilgers Flügel bekommt, inmitten zahlreicher Marienwallfahrtskirchen (Gröngörgen, Bergham, Sankt Salvator), – da findet sich die „Heilige Maria“ auf Bairisch:

Der melodische Name Sammarei leitet sich ab von Sancta Maria, – Sankt Marei: *Sammarei*!

Dort, wo der Heilige Platz sich finden lässt, stand schon seit dem Hohen Mittelalter ein bescheidenes Muttergottes-Heiligtum. Und über der damaligen, urkundlich bereits 1521 erbauten Holzkapelle erhebt sich nun die große, weithin sichtbare Wallfahrtskirche von 1631, ganz so wie die Portiunculakapelle von Assisi.

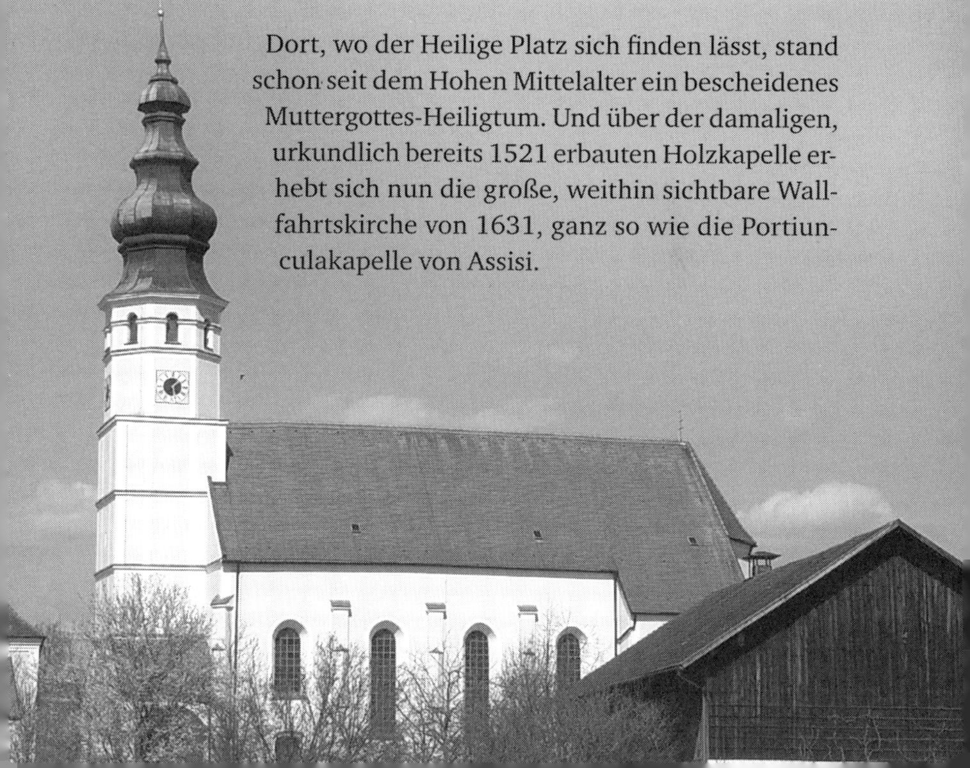

Erde und Himmel zugleich, und eben ein Aufblitzen ewiger Seligkeit hier im irdischen „Dazwischen".

Erde! Humus. Humor. Liebevoller Humor natürlich, mütterlich und mit sehr viel Erdung. Liebevoll ist hier, im Zentrum der Liebe zum Leben, einfach alles.

Mutter Erde ist es nämlich, die in Sammarei wie ein Leitmotiv zu klingen scheint. Und diese Urmutter begegnet uns gleich wieder, im zentralen Muttergottesheiligtum inmitten der „Kirche in der Kirche".

Maria, das Weibliche und Mütterliche, das erdende Prinzip des Glaubens steht hier im Vordergrund, Hintergrund und Mittelpunkt oder, um die Votivbilder wörtlich zu nehmen: über allem.

Geerdet sind auch die typischen, behäbig dastehenden, aber nach allen Richtlinien der Überlebensgesetze errichteten niederbayerischen Viereckshöfe ringsum in der sanft hügelig geschwungenen Gegend. Genau so ein Hof stand hier an diesem heiligen und magischen Platze: bergend, schützend, Wind und Wetter und der Unbill aller Jahreszeiten und Gewitterstürme trotzend. Unmittelbar in der Nähe des Hofes träumte jenes kleine Kapellchen, das damals schon der Jungfrau Maria gewidmet war, unter einem zierlichen Apfelbaume vor sich hin.

Irgendwann, als eine Schnittstelle zwischen Raum und Zeit entstand, da brannte der Hof lichterloh.

Das war im Jahre 1619. Nur noch die geborstenen Reste der schwarzen Grundmauern kokelten vor sich hin.

Das Marienkapellchen hielt stand. Wunder?

Der kleine Apfelbaum aber war tot, direkt an den verkohlten Grundmauern gewachsen, hatte er der sengenden Hitze nicht standhalten können; seine Blütenarme, die er in lauen Frühlings- und Sommernächten schützend über das Gotteshaus gehalten hatte: verkohlt.

Das Ende?

Nicht an diesem Ort! Das Leben (und Wunder sind geballte Lebenskraft, was sonst), es kehrte an diese Stelle der momentanen Verwüstung zurück, fuhr gewaltig in Stamm, Äste und Zweige … der Apfelbaum blühte plötzlich, so wie heute das Pilgerwesen dort blüht.

Und die liebenswert kleine Holzkapelle, die damals als ein „miraculum contra naturam“ den Brand überstanden hatte, befindet sich heute noch an genau derselben Stelle.

Die heutige große und barocke, schon von weitem den Pilger begrüßende und anlockende Sammarei-Wallfahrtskirche mit dem dreifach gestuften Zwiebelturm wurde dann einfach drübergebaut.

Herzstück indes ist und bleibt immer noch die damalige Gnadenkapelle. Eine schlichte hölzerne Feldkapelle mit Schindeldach und mittigem Dachreiter. Wer sie in gebückter Haltung betritt (anders geht es nicht), der geht förmlich auf in Geborgenheit, Heil, Heilung und Heiligkeit, badet geistig in der feinen Aura von 1300 (!) Votivbildern und dem abstrahlenden Marien-Gnadenbild, das einen Hauch von Lukas Cranach innehat.

Wer hier auf einer der kleinen Bänke sitzt, der kann Visionen des Heils erleben!

Das Innere der neuen barocken Wallfahrtskirche: himmelhochjauchzende Wunderseligkeit und dennoch bayerische Erdung; es ist vor allem das monumentale Altarwerk, das über die Augen sofort den Weg ins Herz und tief hinein in die Seele findet.

Barockes Welttheater!

Hauptaltar, Seitenaltäre, Aufbauten, das typisch dunkle Holz mit dem vielen Gold … alles fließt zusammen in niederbayerischer Gottesschau.

Und dann die Georgs-Figur des linken Seitenaltares: Kraftortkenner wissen längst, dass die „Pfählung des Drachens" stets den markantesten geomantischen Punkt kennzeichnet. Stellen Sie sich also präzise an den Punkt im Gotteshaus, den der anmutig gehaltene Degen Georgs treffen würde. Dann stehen Sie genau unter dem Kopf des Drachens (der urweiblichen Drachenlinie, die durch diese Frauenkirche fließt!) und beobachten schmunzelnd, dass dieser Drache bitterlich schimpft. Und Georg denkt nach.

Ganz selten werden Sie solch ein Schauspiel finden: Der Drache schimpft – und Georg zielt daneben. Hier in diesem Wunder-Raum, da wird der Drache nicht verletzt. Positiver Umgang mit weiblicher Energie …?

Fazit:
Wunderbarer, wundersamer Kraftort der Heilung.

BAD BIRNBACH

Statt Therme, Golf und Kurtaxe: heilende Jakobsenergie in der stillen Johanneskirche von Aunham

Gustave le Bon meint in dem Klassiker über Massendenken und manipulierbare Gruppendynamiken in dem Grundlagenwerk „Psychologie der Massen“:

„Die Zeit bereitet die Meinungen und Glaubensbekenntnisse der Massen vor, d. h. den Boden (!), auf dem sie keimen. Daraus folgt, dass gewisse Ideen nur zu einer bestimmten Zeit, dann nicht mehr zu verwirklichen sind.“

Nun, hier im gottseligen Rottal ist man vor dem unguten Zeit-Geist der Gegenwart und damit der gesteuerten Meinungs- und Angstindustrie einigermaßen gefeit. Der magische Ort als Schutz-Schild!

Und Maria, die Madonna, die hierorts allgegenwärtige Gottesmutter, löst immer Denk-Energien aus, die heilend sind. Zumindest aber beruhigend.

Doch an diesem magischen Ort – in einem recht stillen Birnbacher Kircherl, gleich „unten“ am heutigen Golfplatz und dem Wanderweg 7, der hinauf zu den keltischen Hügelgräbern führt – da begegnet uns recht überraschend der Wander-Heilige Jakobus. Allerdings muss man genau hinschauen.

Und hin-fühlen. Denn die *Kraft* des Ortes ist hier, genau vor dem spitzbogigen Portal der kleinen Kirche, ziehend und zugleich fordernd. Es ist reine „Teufelstritt“-Energie, handelt sich also um einen extrem abladenden und ins Erdreich hinunter weisenden Ort. Ein magischer Platz der Sammlung und Zentrierung, damit das Gegenteil von Himmelfahrts-Plätzen mit nach oben stürmenden Energiebewegungen.

Gehen Sie hinein in das Halbdunkel. Echte Gotik mit den typischen Spitzbogen, das Kirchlein geht bis auf die Mitte des 12. Jahrhunderts zurück.

„… Als bischofseigene Kirche war Aunham die einzige legitimierte Taufkirche im ganzen Umkreis. Sie galt somit als Kultstätte der Christianisierung im Rottal. Das jetzige spätgotische Gotteshaus stammt vom Ende des 15. Jahrhunderts. Von der alten Kirche existiert noch ein Glöcklein …“

https://www.outdooractive.com/de/kirche/niederbayern/filialkirche-st.-johannes-der-taeufer/

Auch wenn alles still ist ringsum: Orte wie diese klingen. Der *Ur-Klang* der Erde.

Wenn Sie innen weilen, gewahren Sie dieses Grund-Brummen des DA-Seins. Vielleicht ist's gar der *Grundton der Schöpfung?*

Das Gotteshaus ist *Johannes dem Täufer* geweiht. Folgt man dem biblischen Bericht, hatte es der eifernde Prediger Johannes wirklich nicht leicht (Herodes, Salome, Schleier-Tanz, Enthauptung), - oder aber er hat sich's nicht leicht gemacht. Entsprechend das dunkel-magische Altarblatt, das vom gewaltsamen blutigen Ende des fanatischen Predigers zeugt. Der Kopf ist abgeschlagen, Blut sprudelt aus dem Rumpf. Seltsame Ästhetik: Der Geköpfte als Torso kauert am Boden, das abgeschlagene Haupt als zentrale Bildmitte.

Zerreiben Sie Johanniskraut im Hochsommer: Es wird blutrot! Der Johannis-Feiertag ist der 24. Juni, Sommer-Sonnenwende und Gründungs- sowie Großfeiertag der Freimaurer-Logen.

Der kleine Parkplatz an der Nordseite stimmt bereits auf den magischen Kult-Ort ein. Drei Birken, immer Hinweise auf Wasseradern im Boden, warten auf Sie in unmittelbarer Nähe des spitzbogigen Einganges. Stellen Sie sich in die Mitte des Dreiecks; spüren Sie die Kraft der Erde.

Außen das Licht, das Leben, innen metaphysische Düsternis … der modernde Geruch … des gesamten Christentums?

Und an der linken Wand, der Nordseite also, wartet ein freigelegtes Fresko. Schauen Sie genau hin:

Jakobus als Pilger. Wir sind auf einer „heimlichen" Station des Bayerischen Jakobsweges!

Hut, Stab, Umhang, Wasserflasche. Und immer unterwegs. Wohin?

Für Kenner: Die gesamte Kirche weist rechtsdrehende Energien auf. Da aber, wo der Jakob abgebildet ist, dreht die Erdkraft – links herum. Eine unruhige Stelle also, eine fühlbare Wasserader.

Genau auf einer solchen stehen Sie hier. Das Birnbach/Aunhamer Johanneskircherl mit dem Jakobs-Fresko ist ein idealer Ausgangspunkt einer anschließenden kleinen Wanderung zur „Aunhamer Nekropole“, der zweitgrößten Hügelgräberanlage in Bayern.

Die unweite Straße queren, den „Wanderweg 7“ hoch, den schrecklichen Golfplatz ignorieren und rein in den Wald.

Kraft der Ahnen, ein Hügelgrab nach dem anderen, 114 sollen es sein. Hier in der magischen Kathedrale aus Bäumen ist die spirituelle Welt so herrlich in Ordnung.

Sie spüren und erleben eine Zeit, in der nicht alle Werte auf den Kopf gestellt waren!

BAD GRIESBACH / BAD BIRNBACH

Baden sie doch einmal … im Heiligen! Der Venushof des Bruder Konrad in Parzham

In Gedanken Lieblingsorte aufsuchen …“, so fand ich diesen wunderbaren und heilenden Satz in meiner katholischen Lieblingskirche im Rottal am Schriftenstand aufliegend. Besonders wurde da empfohlen: Der Venushof in Parzham, jener magische Ort der Heilung, an dem der „flächendeckende Heilige“ Konrad der Pförtner heranwuchs.

Wer einmal da war, der weiß, was der Satz bedeutet: im Herzen ankommen.

Der Heilige Bruder Konrad, dessen seltsames, verwunderliches, heiligendes und packendes Leben untrennbar mit der Wunderkraft Altöttings verbunden ist, wurde um 22. Dezember 1818 als Johann

Birndorfer hier auf dem Venushof in Parzham geboren, in etwa zwischen Bad Birnbach und Bad Griesbach, den Heilbäder-Kultorten, gelegen.

Wer den Hof besucht, der registriert erstaunt, wie reich die Eltern des späteren Heiligen gewesen sein müssen. Auch Gespräche mit Einheimischen ergeben: Unter den ehedem reichen Bauern dieser Gegend Niederbayerns prangt hier schon ein besonderer, ein „g'wappelter" Reichtum.

Das ist wichtig zu wissen und zu sehen, denn der spätere Mönch mit dem Armutsgelübde sollte zunächst diesen großen, heute noch von gediegener Pracht strotzenden niederbayerischen Vierecks- Hof übernehmen und alles erben!

Johann war sicherlich das, was man eine „religiöse Urbegabung" nennt. Die „Dinge der Welt" fochten ihn kaum an. Doch zunächst blieb der sensible junge Mann hin- und hergerissen zwischen weltlicher Bestimmung zum reichen Bauern-Erben und seiner innersten Berufung.

Geburtshaus des Konrad von Parzham.

Konrad trat im Jahre 1849 in den Kapuzinerorden in Altötting ein. In Verehrung seines Idols Franz von Assisi wollte er den Ordensnamen Franziskus bekommen. Doch war soeben ein Konrad im Kloster verstorben.

Der Dienst an der Pforte, jener stets unruhigen Schnittstelle zwischen Innenwelt und Außenwelt, war alles andere als beschaulich. Neben Pilgern und Frommen kamen auch Taglöhner und restlos entwurzelte Zeitgenossen, die dem Bruder Konrad sehr viel Zurückhaltung abverlangten.

Der magische Ort:

Schon die Anfahrt ab Bad Birnbach ist ein Traum. Weit und liebevoll vom Schöpfer angelegte, harmonisch hügelige Landschaftszüge – je mehr man sich Parzham nähert, desto spürbarer und packender nimmt die positive Energie zu. Hier strahlt eben nicht nur der Ort, sondern all das, was „am rechten Platz" vom Schöpfer vorbereitet war und ist, um ein vorbildliches Heiligenleben zu starten.

Wir nähern uns dem Anwesen, das überraschend herrschaftlich prangt, konzipiert als weit angelegter typischer bayerischer Viereckshof.

Eine überlebensgroße Kreuzigungsgruppe am rechts gelegenen Trakt (heute ist das der Brotzeitraum) macht den ankommenden Pilger auf die Geschichte des Platzes aufmerksam.

Gegenüber dem Museumsbau befindet sich das Wohnhaus mit Geburtsraum, Stube, Zimmern und Schlafräumen für Mägde und Knechte. Begehen Sie die Räume. Alles ist von dunklem Holz, überhaupt dunkel, aber gewaltig und stark.

Für den Fühlenden bleibt allerdings eine bedrückende Gesamtstimmung in den Gewändern hängen.

Dort, wo die Geburtsstube liegt, plätschert außen ein Brunnen, von der hauseigenen Hangquelle gespeist, ein Wunderbrunnen mit belebender, heilender Energie. Dieser magnetisierende, faszinierende Lebensquell taucht in keiner Beschreibung „Heilige Brunnen in Bayern“ auf, bleibt aber dennoch energetisch der weitaus interessanteste Platz des gesamten Areals.

Beachten Sie den Wuchs der Bäume, Sträucher und Pflanzen. Um die Geburtsstätte und diesen Brunnen mit dem steinernen Trog herum scheint alles besser zu gedeihen.

So, nun können Sie wieder nach Griesbach zurückkehren, in einem der eleganten Bäder relaxen, teuer shoppen oder gar stylish golfen. Aber die seltsam heilgend-hebende Stimmung um den Venushof herum wird Sie nicht loslassen.

Und sogar einen Bruder-Konrad-Weg gibt es.

Zugegeben, das mit den „Wegen“ allerorten ist seit dem Siegeszug der Jakobsweg-Idee auch eine Vermarktungssache.

Trotzdem: Gehen ist gesund, es setzt andere Gedanken frei als Sitzen oder gar Sitzen und Fernsehen.

Der Bruder-Konrad-Weg wird mit ca. fünf Kilometern angegeben. Vom Marktplatz aus an der alten Pfarrkirche auf dem Berg vorbei zur (neuen) Konrad-Kapelle, dann in den magischen Wald zur alten Holzkapelle, dann Richtung Lengham zu einem Kult-Kreuz. Egal, wie Sie gehen, der Weg ist immer richtig.

DIE AUNHAMER NEKROPOLE

keltische Hügelgräber bei Bad Birnbach

Birnbach, Griesbach, Füssing, jedes mit dem Touri-lockenden Attribut „Bad“ versehen, sie liegen im Rottal, einem Landstrich mit besonders heilender Energie, sympathischen ruhigen Menschen und – auch dies muss gesagt werden – zumal phantastischem Essen. Denkt man eine Linie zwischen München und Passau, so liegt Bad Birnbach ziemlich in der Mitte. Abstrahlende Erdkräfte, heilende Quellen, klare Luft, Sinnlichkeit der hügeligen Landschaft. Die Quellen werden emsig genutzt – nicht umsonst die Benennung „Bäderdreieck“.

Doch die heilende, aufbauende, zentrierende Wirkung spürt der Fühlige auch ohne Badebesuch. Und unsere Ahnen fühlten und erkannten dies sowieso und fassten Fuß. Nutzten sie doch weise die Lebenskraft.

Sonst hätte in dieser Zeit wohl keiner überlebt. Ihr Wissen über die (magische!) Kraft von Mutter Erde ließ auch die Kultstätten und Heiligtümer im weiteren Radius entstehen. Altötting, Schwarze Madonna, Sammarei, heutige Marienwallfahrts-Stätten; Erdstrahlen und Wasseradern: Was damals Kraft gab, heilt und hilft noch heute.

Zunächst der Kurort, entdecken wir hinter dem eher oberflächlichen Kurbetrieb und den neuzeitlichen Ablenkungen (Golfplatz, Kurzentrum), die heilende Urenergie. Die Kirche auf altem keltischem Kulthü-

gel, diagonal vom Eingang bis zum Grab des Chrysantus von einer prickelnden Energielinie durchzogen. Achten Sie auf die wabernde Kraft innerhalb der Halbkuppel des Glassarges. Das Auge Gottes über allem scheint wissend Wache zu halten. Übrigens: Chrysantus gab der Erst-Quelle, der Chrysanti-Quelle, den Namen.

Bei Auham und der dunkelenergetischen Johanniskirche, die zum Jakobsweg gehört und im Inneren ein Jakobus-Fresko trägt, über die Straße, dann den „Wanderweg 7" hoch zu den Hügelgräbern. Zur Rechten heute der Golfplatz.

Doch dann, im Wald, die Hügelgräber *„Aunhamer Nekropole"*. Größte Keltengrab-Kultstätte in Bayern, neben der herrlichen Nekropole im Mühltal an der Würm, zwischen München und Starnberg gelegen.

Bald findet sich die sehr gut informierende Hinweistafel. Wir erfahren:

In diesem Waldstück nordöstlich von Untertattenbach, dem so genannten Aunhamer Spitz, nachweislich mehr als 114 Grabhügel, die sich auf einer Breite von ca. 200 Metern durch das gesamte Waldstück ziehen. Bis hin zum so genannten Giglerhof.

Wunderbar. Keltische Zeugnisse der Ahnen und des untilgbaren Ahnenkultes. Sie stammen aus der Bronzezeit, die ungefähr von 1800 bis 1200 vor Christus währte. Doch wurden, wie Funde belegen, die Ruhestätten auch noch in der Hallstattzeit (ca. 700 – 500 vor Christus) benutzt.

Es handelt sich um Einzelgäber, die später zu Familien-Totenlegungen wurden. Kein Geringerer als Julius Naue, der auch das „Grab der Seherin" im Mühltal erschloss, war hier umsichtig am Werk. Das Interesse der Forschung wuchs bald, denn man fand unter anderem kultische, „aufgeladene" Lanzenspitzen, die energetisch dem „Speer des Schicksals" (heute in der Wiener Hofburg) entsprachen.

Für den Kelten-Kraftort-Freund bietet die nähere Umgebung auch noch die östlich gelegene keltische Ringwall-Anlage, Richtung Bruder-Konrad-Kapelle:

„... auch die große Ringwallanlage östlich von Birnbach nahe der „Lenghamer-Holzkapelle“ im Wald (...) Sie wurde mit großer Wahrscheinlichkeit während der Ungarneinfälle (ca. 894 bis 955) als Fliehburg und als befestigter Sitz eines Edelfreien genutzt.

Beim großen Hügelgräberfeld „Aunhamer Spitz“ wurden Beigaben aus spätrömischen Nachbestattungen wie z. B. Tonlampen und Saugfläschchen geborgen ...“

Uralter Siedlungsraum tritt 812 ins Licht der Geschichte – Bad Birnbach

Kraftortgänger spüren sofort: Ein unruhiger, linksdrehender Ort, der Wespen und vor allem Ameisen und Dornengestrüpp anzieht, stärkt und nährt.

Hier werden Sie sehend, blicken unversehens in die Zukunft! Nutzen Sie die Kraft zur Kristallisation von Plänen und Lebenswegen, die sich alsbald – eben ORTS-bedingt hier – auftun. Der Ort macht prophetisch.

Sie spüren das Prickeln an den Füßen, Sie erkennen, „ahnen“: *Die Ahnen sind da*, sie helfen dem, der sich von der Angstindustrie der Gegenwart, den verlogenen Medien und dem elektronischen Rummel, nicht anstecken lässt.

Hier ruht, das Wiederkommen abwartend, *alte Intelligenz*: Der „gesunde Menschenverstand“, Heimatverbundenheit, Treue, Kraft.

Alles, was sie uns nehmen wollen.

DIE ENDURSACH WIRD DURCH GÖTTLICHEN SCHALL VERURSACHT

Eine Wunderglocke in Reischach spielt das Lied vom Leben

Ist es vielleicht das „Strahlungsfeld", oder ist's die heilende Schwingung von Altötting, der unhörbare Klang der Heilung? Keiner weiß, was die helle Zauberglocke erklingen lässt.

Wann? Die Glocke läutet, *wann* und *wenn* sie will. Sie hat ihre eigene Zeit. Wie es halt bei übersinnlichen Phänomenen so ist. Erzwingen lässt sich gar nichts.

Der kleine, eher unscheinbare Ort Reischach unweit von Neuötting. Da ist eine kleine einsame Kapelle gestanden, die heute durch einen neueren Barockbau ersetzt ist, gleich neben der Straße, an dem kleinen Flüsschen. Der Autofahrer freut sich über das malerische Ensemble von Kapelle, Flusstal, Brücke. Der harmonische Bilderbuch-Blick tut sich auf, wenn der suchende Autopilger, von Neuötting kommend, Richtung Mitterskirchen und Eggenfelden fährt.

Damals ist die hölzerne Vorläufer-Kapelle wirklich einsam da gestanden. Gab es doch noch nicht den regen Durchgangsverkehr, der nach der Entdeckung lukrativer Heil-Quellen im unweiten Rottal entstanden ist.

Schon allein der Anblick der kleinen Kapelle im Wiesengrund allein hebt die Seele um wenige Millimeter.

Man spürt, „da ist etwas". Tatsächlich, unter dem Altar ein heilender Quell …

Und dann die Glocke …

„Keine Stunde und kein Tag …", so vermeldet die alte Quelle, … wo man es nicht von Zeit zu Zeit läuten hörte … Es war, als würde das Seil des feinen Glöckleins wie von Geisterhand gezogen. Geister waren es aber nicht, denn nichts an dem Geschehen wirkte unheimlich oder befremdlich. Es war einfach ein Wunder."

Ein Ort ohne Tod.

Denn die Sage weiß von Mordbrennern, die dereinst genau dort einen Pilger überfielen und halbtot schlugen.

„Maria hilf!" Mehr konnte der nicht mehr denken, geschweige rufen.

Die Finsterlinge hielten ihr regungsloses Opfer für endgültig erledigt und zogen ab. Doch der Scheintote erwachte aus dem *Schlaf des Ewigen* (heute würden wir sagen: aus einer Nahtod-Erfahrung, Grenzüberschreitung zur Anderswelt). Und er stiftete aus Dankbarkeit ein Holzkapellchen.

Das ist die heutige weiß-gelbe Kapelle am Bach im Wiesengrund. Und sie trägt im Turm jene Wunderglocke, die immer dann läutet, wenn ihr danach ist.

Alles schwingt. Auch das, was wir nicht erklären können. Sogar das Unerklärliche hat seine Eigenschwingung. Und Schwingungen können eine Glocke zum Tönen bringen, umgekehrt, wie das Metall der Glocke schwingende Wellen weit über die Welt schickt, immer wenn der schwere Klöppel den Klangring trifft.

„… Die End-Ursach wird durch Göttlichen Schall verursacht …" weiß die „Göttliche und wahre Metaphysika".

(www.Göttliche und Wahre Metaphysica, Oder Wunderbahre, durch …)

Schall und Ewigkeit. Es gibt einen Durchklang des Seins, (sie können auch „Leben, Lebensklang" dazu sagen), einen TON, der weder Raum kennt noch Zeit – noch Ewigkeit.

ALTÖTTING

Kraftplatz zwischen Ahnenkult, Magie und Christentum

Ja, Sie haben recht: Altötting, ebenso wie Neuötting mit der erhabenen gotischen Kathedrale, sie liegen – noch – in Oberbayern. Ein knappes Stückerl südlich der niederbayerischen Grenze.

Aber: der Einfluss, die Abstrahlung von Altötting hinein ins *fromme konservative Herz* Niederbayerns ist gar so wichtig. Vor allem der lebendige *Madonnenkult*. Sammarei, Gröngörgen, Schildthurn, Langwinkl …

Altötting strahlt im Konzert Heiliger Orte in Bayern wie ein nie verblasender Fixstern. All die Marienverehrung im unweiten Rottal, die vielen Wallfahrts- und Wunderkirchen der näheren und weiteren Umgegend zumeist mit ausgeprägter und traditionsbildender Madonnenverehrung, sie nehmen hier in Altötting ideolo-

gisch, spirituell und energetisch ihren (urbayerischen) Anfang!

Altötting, das sich ganz zurecht das Herz Bayerns nennen darf, (es liegt auch im Herzen des alten Stammesherzogtums), strahlt nunmehr in einer mehr als tausendjährigen Geschichte – mitten in unsere Herzen hinein.

Kraft der Ahnen:

Bei Ausgrabungen auf dem Kapellenplatz im Jahre 1983/84 wurden Spuren der Jungsteinzeit entdeckt. Die kultische Nutzung aus vorchristlicher Zeit ist ebenfalls erwiesen – jeder geübte Kraftortkenner spürt dies sofort –, die spannende Tatsache wird aber zumeist recht diskret behandelt. Oder lieber verschwiegen. Das urchristliche, katholische Altötting – ein früherer heidnischer Kultplatz!

Urkundlich tritt Altötting dann aber erst 748 unter dem Namen Autingas ins Rampenlicht der Geschichte. Hören Sie den Klang der Namen, die Namen-Verwandtschaften. Ting, Gauting, Auting … eben keltische Wurzeln.

Um 700 wird dann das erste Entstehen der oktogonalen Kapelle vermutet, ganz in der Nähe des agilolfingischen Herzogshofes.

Magie spüren am Kraftplatz!

Gehen wir hin, gehen wir ins Epizentrum, lassen wir die Wirkung auf uns zu! Und die ist gewaltig. Von einem „energetischen Schauer" wird gar gesprochen, wenn es um Altötting geht …

Wunderort! Das erste Wunder Altöttings in der Heiligen Kapelle ist 1489 verbürgt. Die oktogonal-okkulte, in der Wirkung „heilige" Kapelle, die dem Felsendom Jerusalems nachgebaut sein soll, hat es in jeder Weise „in sich".

Altötting hatte wegen des enormen spirituellen Magnetismus als Wallfahrtsort Andechs bald den Rang abgelaufen. Der Ort wird zum (Kraft!)Zentrum für große Politiker und Feldherren. Die deutschen Kaiser kehren von ihren Reichstagen zumeist über Altötting nach Wien zurück. Kurfürst Maximilian kommt hierher, auch General Tilly und mit ihm die meisten Feldherren des Dreißigjährigen Krieges.

Tilly muss wohl seine Seele in Altötting gelassen haben. Das übergroße Standbild auf dem Platz, der Sarg, in den man hineinschauen kann und seinen originalen Schädel sieht …

Haupt-Energie-Zentrum!

Die berühmte Gnadenkapelle mitten auf dem Platz: Fokus, Zentrum, Schaltstelle für Heiligkeit, Magie, Gedankenkontrolle – und eben auch Heilung.

Die Gnadenkapelle – eigentlich ein Eldorado für Okkultisten, aber eigenartigerweise von frommen Betern hoch geschätzt und in der hintergründigen Langzeit-Wirkung kaum erkannt – sie hat als Kernbau ein Oktogon (Achteck), was auf die ursprüngliche Funktion als Taufkapelle schließen lässt. Dieser phantastische Bau auf uraltem Kraftfeld geht auf das Jahr 700 zurück. Rupertus von Salzburg hat hier den ersten christlichen Bayernherrscher getauft. Sie wissen schon: das Herz Bayerns schlägt hier!

Starke Mauern aus Tuffquadern tragen zur körperlichen und mentalen Festigkeit des Ovales bei. Die übermächtig spürbare „Aufladung“ durch Gebete, sehnende Anliegen, Heilungswünsche, mystische Hingabe, installiert durch zahllose Beter, Kranke, Gesunde, Pilgerströme quer durch Jahrhunderte, wird durch die innen schwarz gehaltene Kuppel resonanzartig verstärkt und komprimiert. Eine spirituelle Hochdruckkammer! Alle Wände schwarz, dazu das Glänzen des Silbers und der Kerzen.

Eine Schwarze Madonna aus Lindenholz nimmt die dargebrachten Energien an – und behält sie für sich. Vorsicht.

Absolutes Highlight: die Herzen der Herrscher in Silberurnen. Oh.

Christentum, Totenkult und keiner merkt's.

Der „Tod von Eding“.

Wo ist er nur? Der berühmte Sensenmann tut sein Werk beständig und ohne Hast. Und ich musste mehrfach kommen und den hohen Kirchenraum suchend und umherschauend betreten, um das hell fluoreszierende Knochenmanderl bei seinem Werk zu bestaunen:

Suchen Sie selber: Der „Töd von Altötting“ ist ein Meisterwerk früher Uhrmacher- und Mechanikerkunst. Neben dem Nordportal steht eine sehr hohe Schrankuhr. Und ganz oben droben, direkt über dem Zifferblatt schwingt ein Knochengerippe aus der Pestzeit, ein Tod, Tödchen, der mit der feinen Uhrmechanik verbunden ist, mit geradezu provozierend gelassener Ganzkörper-Drehung unermüdlich die Sense. Ohne Hast, mit stoischer Gelassenheit, aber eben beständig.

Wem die Stunde schlägt …

JA WAS IST DENN DA LOS!

Das weltbekannte „Gärten und Seenland“ Bayern, es geht an Niederbayern spurlos vorüber. Aber …

Schaum mer mal …“, denkt sich der wackere Kraftort-Freund, „… *was da in Niederbayern so los ist.“*

Schlösser, Seen, barocke Prachtgärten, Repräsentationsbauten …

Die immer wieder aktualisierte Schrift *„Gärten und Seenland Bayern“* (herausgegeben vom Bayerischen Staatsministerium der Finanzen) zeigt auf der Übersichtsseite mit dem Titel „Auf einen Blick“ eine Karte von ganz Bayern. Doch die Seen sind auffällig im Süden.

Nun gut, als „Ausrede“ mag gelten, dass die großen Gletscher der Würm-Eiszeit sich vom hochgebirgigen Süden her schmelzend gen Norden geschoben und tiefe Becken samt Randmoränen hinterlassen haben. Urmutter Natur war im Süden der Bildung von Becken und späteren Seen recht gewogen.

Ammersee, Starnberger See, Staffelsee, Kochelsee, Tegernsee, Chiemsee, Waginger See, Königssee … um nur die bekanntesten zu nennen.

Ach Schlösser, Prachtgärten sind da häufiger:

Bayerns Süden hat übermäßig viel dieser herrlichen Anlagen.

Nymphenburg, Schleißheim, Hofgarten, natürlich die Residenz und der herrliche Englische Garten in München – dann im nördlichen Bayern: In Mittelfranken lockt der Burggarten Nürnberg. Und in Ober- und Unterfranken wimmelt es von geschaffenen Sehenswürdigkeiten. Hofgarten Eremitage, Hofgarten Bayreuth, Felsengarten Sanspareil, Rosenau, Neue Residenz Bamberg in Oberfranken – schließlich Würzburg, Festung Marienberg, nicht zuletzt das Faschings-berühmte Veitshöchheim in Unterfranken. Und das alles nur als Auswahl.

Niederbayern?

Nix.

Kleine feine Burgen und Schlösser, oft noch in Familienbesitz. Erdschwere Klöster, wie – Weltenburg, Vilshofen, Asbach, Niederaltaich, Rohr …

Immerhin: Alte Burgen mit dunklen Sagen. Denken Sie an die fluoreszierende Ruine Weißenstein. Eine eingemauerte Frau, das kann sich sehen lassen. Schloss Ortenburg. Die obere Feste in Passau.

Wir wissen: Kein „Nachteil“ ohne Vorteil.

Niederbayern ist halt nicht gar so überlaufen, nicht so von großstädtischem Blendwerk, sichtbarer Herrschsucht, einer Machtentfaltung, die Deutschland- und Welt-greifend sich gebärdet, glitzergolden nachlackiert.

Macht und ehrliche Würde, aber mehr im Stillen, immer *a wengerl ruhiger* als in anderen Teilen Bayerns. Und Deutschlands sowieso.

Und dennoch: die Krach-schweren Aschermittwochs-Reden eines Franz-Josef-Strauß in der Passauer Nibelungenhalle … beide „Institutionen“ sind vergangen.

Oder etwa nicht?

Die aktuelle Gegenwart zeigt: Es gibt längst wieder eine *geistige Nibelungenhalle*. Lesen Sie Nachrichten.

Sollte gar der legendäre schlafende Herrscher im Untersberg bei Berchtesgaden (Friedrich II.? Barbarossa?)

– in Niederbayern wiederkommen?

Apropos unsterbliche Herrscher und Mythen. Da zeigt sich noch eine Auffälligkeit. Gemeint ist Bayerns unsterblicher Märchenkönig Ludwig II. Denken Sie an dessen Märchenschlösser und Pseudoburgen. Neuschwanstein, Herrenchiemsee, Linderhof, Falkenstein, an das exotische Königshaus auf dem Schachen. Dazu all die anderen magischen König-Ludwig-Orte, wie etwa die Hinscheidestelle Berg und die idyllische Roseninsel im Starnberger See …

Niederbayern?
Nix.

Dafür bietet Niederbayern Passau, den magischen Zusammenlauf dreier Flüsse und dreier Denkrichtungen:

1) Christlich-katholisch-konservative Ur-Power (siehe weiter vorne Nibelungenhalle und Nach-hall),
2) Hochwasser-Okkultismus,
3) Und gelassenen Umgang mit allem, *wie es eben ist.* Und eine dem Donaustrom folgende Machtentfaltung gen Osten.

Niederbayern, von Kelheim bis Passau und dem magischen Bayerischen Wald, von Regen bis zum Rottal. Das ist die unbeirrbare und beständige Urmacht der Erdkraft.

Schwere, fruchtbare Erde, Urgestein Granit und dazu gewachsener Glaube.

Erd-Mutter Gaia lebt.
Schratzlgänge (Erdställe) des Denkens und Wollens!

Niederbayern, das ist:
Eine eigene erdige Denkschule!

…und wenn Sie noch nicht genug haben sollten:

- Further Felsengänge
- Niederbayerns Friedhöfe
- Die Wiege des Hl. Konrad: Der Venushof von Parzham
- Die *Gläserne Scheune* in Rauhbühl bei Viechtach
- Das Glasdorf im Bayerischen Wald (Arnbruck, etwa zwischen Bad Kötzting und Bodenmais)
- Rott- und Inntaler Wallfahrtswege abklappern. (z. B. den „Rottaler Jakobsweg; von einer Jakobskirche zur anderen. Selber suchen, wo ist die Muschel?

Bevor Sie heilig werden, reden Sie mit Einheimischen über aktuelle Politik.

LITERATUR

Abteikirche Schweiklberg (Texte Abt Christian Schütz OSB). Strasbourg 2000

Aldersbach. Asamkirche. Hrsg. v. d. Katholischen Pfarrkirchenstiftung Aldersbach. Ebenda 2011

Bachler, Käthe: Der gute Platz. Eine große Hilfe für die Gesundheit an Körper, Seele und Geist.

Belli; Mario: Wer ist der Gral? Stuttgart 1984

Bischof, Marco: Geomantie - Die Wiederverzauberung der Landschaft. *Der Mensch und die Kraft der Orte.* Aarau, AT Verlag 2000

Böckl, Manfred: Opfersteine, Göttinnenquellen und Druidenthrone. Riedlhütte o.J.

BONGART, Ferdinand: Kultstätten - was sie uns verraten. *Eine Einführung in die Kennzeichnung von Kultstätten.* Eschweiler, Eigenverlag 1997

Fenzl, Fritz: Kraftorte selbst finden. München 2004

Fiedler, Teya: Gebrauchsanweisung für Niederbayern. München 2006

„Gärten und Seenland Bayern". Hrsg. vom Bayerischen Staatsministerium der Finanzen. München o.J.

GIGER, Andreas: vom Chaos zur Ekstase. Hamburg 1990

Grabowsky, Siegfried: Heilige Quellen im Bayerischen Wald. Grafenau o.J.

http://www.hdbg.de/bier/

http://www.passauer-land.de/kloster-aldersbach/

https://www.bayerischer-wald.de/Media/Attraktionen/Benediktinerkloster-Rinchnach

http://www.gangkofen.de/

https://www.kloster-rohr.de/pfarrei/asamkirche.html

https://www.naturpark-altmuehltal.de/sehenswertes/tropfsteinhoehle_schuler-loch-1608/

http://www.schloesser.bayern.de/deutsch/schloss/objekte/kelheim.htm

http://www.tourismus-landkreis-kelheim.de/Uebernachten/gruppenangebote/schifffahrt-zum-kloster-weltenburg

http://home.meinestadt.de/landau-isar

Huber, Gerald: Kleine Geschichte Niederbayerns. Regensburg 2007

Kapfhammer, Günther (Hrsg.): Sagen aus Bayern. Hamburg/München 1994

Kratzer, Hans: Der Wolkenkratzer des Herrn. Süddeutsche Zeitung vom 14./15. Oktober 2017, Nr. 237 (Seite R4 Bayern)

Kreuz und Quer durch Bayern. (ohne Autor) München 2016

Kutter, Erni: Der Kult der drei Jungfrauen. Books on Demand, Norderstedt, o.J.

Le Bon, Gustave: Psychologie der Massen. Stuttgart 1982

Lenk, Maria: Spurensuche im Rottal. Pfarrkirchen 2005

LIONEL, Frédéric: Verborgenes Wissen, Ergründung unerwarteter Zusammenhänge. München 1992

MACLELLAN, Alec: Das Geheimnis der Heiligen Lanze, Rottenburg 2005

MATTHEWS, John: Der Gral. Braunschweig 1992, S.11

MERZ, Blanche: Die Seele des Ortes. Deren Wirkkraft auf unsere vier Körper. Chardonne (SUI), Eigenverlag

Pater Viktrizius Weiß. Drittordensverlag Altötting 1980.

PENNICK, Nigel: Handbuch der angewandten Geomantie. *Wie wir heute Landschaft und Siedlung wieder in Einklang bringen können.* Saarbrücken, Neue

PIEPER, Werner: *Geomantie. Die Kunst, Energiezentren auf der Erdoberfläche auszumachen.* Birkenau, Pieper 1993

PLETICHA, Heinrich; MÜLLER, Wolfgang: Mythische und magische Plätze in Deutschland. *Höhlen, Wunder, Heiligtümer.* Würzburg, Flechsig 2000

POGACNIK, Marko: Schule der Geomantie. München, Droemische 2000

REGER, Karl Heinz: Bayerische Schlossgespenster. Reiseführer zu den dreißig unheimlichsten Spukstätten. Pfaffenhofen/Ilm 1983

REISER, Rudolf: Sonne und Tierkreis. München 2004

RESCH, Andreas (Hrsg.): Fortleben nach dem Tode. Innsbruck 1986

Steinfeld, Thomas: „Sich dumm gucken“. Süddeutsche Zeitung Nr. 228, 4. Okt. 2017, S. 11)

The Rocky Horror Picture Show (1975) trailer

Rott- und Inntaler Wallfahrtswege. Hrsg.v. Landratsamt Rottal-Inn. Pfarrkirchen 2012

Vogel, Rainer: 52 Faszinierende Orte und Sehenswürdigkeiten in Niederbayern und der Oberpfalz. Regenstauf 2016

Wege mit Sinn. Auf den Spuren von Heiligen im Rottal. Bad Birnbach, o.J.

Bildquellen

S. 12: Fritz Fenzl
S. 14: Hendrik Schwartz, fotolia.com
S. 17: Konrad Lackerbeck, wikipedia.com
S. 25: mmuenzl, fotolia.com
S. 29: mhp, fotolia.com
S. 30: oxie99, fotolia.com
S. 32: Konrad Lackerbeck, wikipedia.com
S. 40: Th. Schmidt, pixelio.de
S. 42: Th. Schmidt, pixelio.de
S. 44: Konrad Lackerbeck, wikipedia.com
S. 45: Konrad Lackerbeck, wikipedia.com
S. 48: Ferdinand, pixelio.de
S. 53: Dullinger Karl, pixelio.de
S. 56: Lutz Smolka, pixelio.de
S. 57: Konrad Steininger, fotolia.com
S. 63: Konrad Lackerbeck, wikipedia.com
S. 65: Hermann J. Lindner
S. 66: Johann Gottanka, Schildthurn
S. 67: Werner Kronfeld, Zeilarn
S. 68: Werner Kronfeld, Zeilarn
S. 70: Jörg Siebauer, pixelio.de
S. 71: Jörg Siebauer, pixelio.de
S. 74: Rainer Sturm, pixelio.de
S. 77: Konrad Lackerbeck, wikipedia.com
S. 81: Claus Thoemmes, wikipedia.com
S. 84: Dieter Schütz, pixelio.de
S. 86: Fritz Fenzl
S. 94: Werner Neunherz, pixelio.de
S. 109: H. Helmlechner, wikipedia.com
S. 112: LowerBavaria, wikipedia.com
S. 115: LowerBavaria, wikipedia.com
S. 116: H.D.Volz, pixelio.de
S. 117: Gisela Peter, pixelio.de
S. 119: Sabine Fischer, pixelio.de
S. 126: Elcom.stadler, wikipedia.com
S. 129: Konrad Lackerbeck, wikipedia.com
S. 134: Gliwi, wikipedia.com
S. 139: Konrad Lackerbeck, wikipedia.com
S. 154: Peter Habereder, pixelio.de